学霸都在看的记忆宝典

常国辉·著

中国纺织出版社有限公司

内 容 提 要

进入中学，学习科目增加，需要记忆的内容相比小学阶段更多、更难。在学习时间有限的情况下，能否更加高效地完成记忆任务，是拉开成绩差距的重要因素。这本《学霸都在看的记忆宝典》，讲述了图景类记忆法（锁链记忆法、情景故事法和记忆宫殿法）以及逻辑记忆法（时间逻辑记忆法、空间逻辑记忆法和关系逻辑记忆法）在语文、英语、生物、化学、政治和历史学科中的运用方式。以"高效"为核心，教导中学生以科学、实用的记忆方法为工具，培养合理、健康的学习习惯。

图书在版编目（CIP）数据

学霸都在看的记忆宝典 / 常国辉著. --北京：中国纺织出版社有限公司，2023.6
ISBN 978-7-5229-0432-0

Ⅰ.①学… Ⅱ.①常… Ⅲ.①中学生—学习方法 Ⅳ.①G632.46

中国国家版本馆CIP数据核字（2023）第050276号

责任编辑：郝珊珊　责任校对：高　涵　责任印制：储志伟

中国纺织出版社有限公司出版发行
地址：北京市朝阳区百子湾东里A407号楼　邮政编码：100124
销售电话：010—67004422　传真：010—87155801
http://www.c-textilep.com
中国纺织出版社天猫旗舰店
官方微博 http://weibo.com/2119887771
鸿博睿特（天津）印刷科技有限公司印刷　各地新华书店经销
2023年6月第1版第1次印刷
开本：710×1000　1/16　印张：12
字数：180千字　定价：59.80元

凡购本书，如有缺页、倒页、脱页，由本社图书营销中心调换

序言
发生在本书之前的奇迹

当你发现自己和多数人站在同一边的时候，你就该停下来好好反思了。

——马克·吐温

关于中学生背记知识的情况，我在很多城市对很多学生做过调研。在学习中，你可能也出现了以下情况：

- 背书背得很快，但忘得也快！
- 背书不仔细，总是这错一点，那错一点，默写总是不能得满分！
- 不愿意背书，背课文总是拖拖拉拉，效率低下！
- 成绩不好，害怕考试，害怕被老师批评！
- 要背的科目很多，知识很多，感觉背不完，破罐子破摔！
- 单词检测得分低，英语成绩不理想！
- 学习总是走神，很难集中注意力！
- 课堂跟不上，课后补不动！时间花了很多，效果不明显！

学习简单吗？学习应该简单吗？

如果对100位没有高效学习方法的中学生说："学习其实很简单，每一名初中生都可以实现高效学习、轻松考试的梦想！"其中97位都会说：

"不可能！"

所以，我并不准备说服你，让你相信学习就是这么简单。我选择与你分享几个故事，我自己的故事，我学员的故事。透过这些故事，你自然可以得出自己的结论。

在学习上，我曾经长期全班第一，却也曾考过倒数第二；我曾经非常努力，考入省重点高中，也曾在大学期间请长假缺课，直到考前9小时才开始学习，运用最强大的记忆秘籍，5小时记完全部考点，顺利通过考试。我曾帮助许多初中生，3天背完生物4个学期的所有知识点；也曾指导中学生，2周背完《新概念英语》第2册所有课文，并且可以任意抽背！而很多人学习《新概念英语》两年也很难连续准确背诵10篇以上。我还曾多次为解放军多支部队培训记忆力，帮助他们记忆大量的绝密信息。我的许多学生短时间内在学校快速进步一百多名，考入知名高中，比如全国百强高中华中师范大学第一附属中学、长郡中学、清华大学附属中学……

如果你在上小学六年级，或者初一、初二，成绩处在中等水平，渴望在初中阶段的学习上快速取得大幅进步，升入心仪的学校，本书将是你最值得购买的学习法宝。

对于学习，努力很重要！然而比努力更重要的，是高效！我曾经依靠极端努力，取得了显著的进步；后来，我追求极端高效，取得了更大的进步。十几年过去了，我练就了一项神功：超快速通过考试！运用高效记忆宝典，迅速背完文科类各科目考点！节省的时间，用来研究数理化，用来学习文艺才能，或者进行体育锻炼。

如何做到努力且高效？想起小学时代，我和千千万万个小朋友一样，学习比较认真，听老师的话，积极完成作业。幸运的是，小学期间，由于学习态度好，我经常在班级名列前茅，并以全校第一名的成绩光荣地从小学毕业！刚上初一，我面对的却是迅速下滑的成绩。小学时仅有2门主要学科（语文、数学），初一就突然变成了7门。英语单词记不住，政治、历史、地理、生物，知识点繁多……初一上学期，我的考试成绩在一次一次的月考中持续下滑……直到一学期结束了，我还没有完全适应那所新学校的老师和学习氛围！可以说，初一上学期，是我学习生涯中最灰暗的一段时光……

与小学时的风光和快乐相比，初中的学习让我开始自我怀疑、自我否定……就在最黑暗的时刻，我听到了一个令我无比惊喜的消息：我小学六年级的班主任，刚好调到了另一所初中，正在教初一！她的数学教得极好，小学毕业那年，班里很多同学数学考试得了满分。据说我们这一个班的满分人数，和镇上其他所有小学毕业生的满分人数差不多！

那个年代，电话和手机还没有普及，我并没有方便的途径联系到她。在寒假的一个寒冷的夜晚，我去那个学校找她。了解到她正在开会，我耐心地等候着。会议一结束，我很快发现她出来了，用激动、颤抖、欣喜的声音，叫了声："雷老师！"半年未见，她仍然可以瞬间叫出我的名字。更让我感动的是，初一开学的时候，她曾在中学门口待了很长时间，看我开学有没有去报到，没想到我却去了另一所学校……

初中剩余的两年半，我都在她的班级学习，直到我顺利地考入省重点高中。她依然是那个极端负责、关爱学生的班主任。初一下学期，我很快从初一上学期的灰暗中走了出来，卸下心理包袱，重新开始努力投入学习，然而成绩并不是很稳定，总是在全校前20名左右不稳定地波动……

初三下学期开学的时候，非常突然地发生了一件令我终生无法忘怀的事，导致我后来开始疯狂地学习，用走火入魔来形容一点都不夸张。那时，我们县级市最好的高中，枣阳一中和二中，为了锁定优质生源，将全校前5名直接提前录取了！当时我是全校第9，还需要继续努力地复习中考内容，而他们已经提前去高中开始学习了！我们的教室，冬冷夏热，条件寒酸。冬天，几十个人聚在密闭的教室里，空气浑浊；夏天，弥漫的汗臭味同样令人难以忍受；而他们的教室，有大功率空调，冬暖夏凉……

更刺激我的事大约发生在4月。当时，学校组织我们参加英语口语考试，比较简单，考过以后，中考分数可以加5分。大部分同学都参加了。而考场就在一中的校园里！曾经一起学习的那些同学，已经成了这里的主人，提前在这里读书了；而我来这里，还在参加考试，接受考察。一种淡淡的羞辱感，从心底里油然而生……

我清楚地记得，中午时分，我和非常好的朋友李扬，在一中操场边，透过铁护栏看橡胶铺设的豪华跑道。那是我当时见过的最好的操场——我们初中的操场是泥土地，凹凸不平，到处是石子，与之形成了巨大的反差。操场是封闭的，想去上面走一走，似乎都没有资格……我们在那片豪华的操场外的铁围栏边，下定了一个决心：一定要考到四中或五中去！四中和五中是省级重点高中，比这个一中好多了。这是荣誉之战，关乎尊严！

为了考入理想的高中，初三下学期，我每天晚上都要学习到凌晨1点左右，早上5点半又要起床。由于睡得晚，早上起床的时候非常艰难。因此，我故意换了一个铃声非常大的闹钟！然而，有几个早上，我迷迷糊糊按掉闹钟，然后又睡过去了……为了避免这种情况再次发生，我把闹钟从床头拿开，放在离床最远的地方，闹钟一响，需要下床走几步，才能摸到闹钟。通过这种方式，才能确保早上准时起床！

然而，起床之后，还面临一个更严重的问题：由于熬夜时间长，上眼皮和下眼皮在早上竟然没法分开！上下眼皮被眼睛分泌的黏稠物质紧紧地粘在一起，使劲揉也揉不开。那时，我住在离学校比较近的小姨家，我睡在三楼，洗漱间在二楼。在眼睛无法睁开的情况下，我就用手扶着墙壁，一步一步试探着下楼。楼梯其实很陡，我竟然没有摔倒过，现在想来也是幸运！

因为我迫切地想要睁开眼睛，所以就顾不上倒热水瓶中的热水，直接用冷水洗脸，边洗边轻轻地用指甲抠，重点是要洗掉两只眼睛外面粘着的分泌物，直到能够完全睁开眼睛！

如果说早上睁不开眼睛是因为眼睛分泌物粘住了眼皮，用水和指甲可以克服困难，那么，课堂上睁不开眼睛，却是最难克服的……毕竟睡眠严重不足，课堂上经常"钓鱼"，头经常猛地向下一沉……于是用手托着下巴，确保头能抬起来，然而眼睛却又不由自主地闭上了！使劲睁，能睁开一会儿，却保持不了多久，又闭上了……甚至到了特殊时刻，使劲也睁不开……用手掰开眼皮的时候，视线是模糊的，看不清黑板……妈呀！我当年是个多么刻苦的孩子呀！

初三下学期，需要复习和背诵的内容实在太多了！除了数学和物理，其他7个科目几乎是无止境地天天背。有几个科目的老师几乎不讲课了，一到上课，就坐在讲台上，交代一下背哪些知识，就直接让学生使劲读、使劲背。

那时，我也没有高效的记忆方法和记忆策略。唯一可行的，就是死记硬背。当时，我特意向老师申请，坐在第一排离门口最远的位置，那里比较安静。尽管我经常是班里第一名，但是并没有"偶像包袱"，背书的时候，直接站起来，让全班的同学都可以看到我，也算是顺便让他们监督我，背书会更专注一些。

中考，终于在倒计时中一天一天地临近了……所有科目考完之后，我没有像其他同学那样立即核对答案、估计分数，我迫切想要的，就是睡觉！回到家里，连续睡了整整7天！除了吃饭、上厕所等基本生理活动，其他时间几乎都在睡觉，并且能睡着……7天之后，我才感觉终于清醒了……

初中是我人生中学习最努力、最刻苦的一段时光，经过艰苦卓绝的奋斗，我顺利考入了理想的高中。然而，这种极度的努力透支了身体的健康，导致我视力下降、体质变差，偶尔还会出现低血糖的症状……

我再也不想以这种方式学习了！我也极力劝告后来者，不要盲目低效地拼时间，牺牲健康，而要学会高效学习，松弛有度！

那么，什么是高效学习？以及，如何高效学习？

序言部分，我先回答第一个问题。这个问题的答案，是高中班主任何老师对全校前50名学生（这50人约有一半会考入清华或北大）长期观察研究后得出的结论。对中学生来说，高效学习的最简单标准有2个：

（1）高效课堂：理科类的科目，课堂上老师讲一遍就彻底理解、完全学会；文科类的科目，上完课能记住所有知识点。

（2）高效作业：由于课堂上高质量的学习，以至晚自习做作业没有障碍，只要你把作业计划制订好，并专注地去做，就能以极快的速度完成。晚自习的时间足够完成所有必要的练习，多余的时间自己安排。

依照这两个标准，整个高中三年，我反而学得比较轻松，几乎再没有熬夜，还能经常参与体育、文艺活动。

在大学期间，一次偶然的机会，我参加了一次快速记忆力的讲座。

序言
发生在本书之前的奇迹

我亲眼见证了，一位看起来很普通的人，在5分钟之内背完了100位毫无规律、杂乱无章的数字，并且能倒背如流。他还可以随意点背《道德经》，你任意说一个页码，他可以把那一页的内容一字不差地背出来。

这种看似神奇的记忆方法，让我产生了巨大的兴趣。此后，我全程参与了严格的记忆训练，先后参加了华中区记忆力锦标赛、中国记忆力锦标赛和世界记忆力锦标赛。其中，在华中区取得了全场总冠军，在世界赛全球排名第13位，并顺利成为"国际记忆大师"。

如今，世界记忆力锦标赛取得了更辉煌的发展。从下面这些世界纪录中，你能感受到，人类的大脑在经过科学的训练之后，能产生惊人的奇迹！

（1）听记数字：每秒钟播放1个随机数字，不重播。当前世界纪录为连续记忆547个，是由朝鲜选手创造的。而没有训练过的大脑，一般记到7个左右，记到10个以上就已经非常困难了。

（2）历史年代：像历史书后面附录的年代大事件，哪一年发生了什么大事件。记住一本历史书中150个这样的事件和年份，你需要多长时间呢？印度选手帕迪克·亚达夫（Prateek Yadav）在5分钟内，就能记忆154个虚拟事件与日期。

（3）快速扑克：一副扑克牌，有黑桃、红桃、方块和梅花共4种花色，累计52张牌（不含大、小王），把它们打乱顺序，从第一张记到最后一张，你需要多长时间？中国选手邹璐建创造的世界纪录是13.96秒。

这是我从很多的记忆纪录中挑出来的三个。你或许会觉得这些记忆大师是记忆力天生就很好，但是我要正式地告诉你：记忆是有方法的！记忆力是可以通过训练而提高的！我有很多朋友和学生参加了《最强大脑》

节目，他们都是从零基础开始训练的，不断进步，最终才达到了这样的水平。就像钢琴、舞蹈和体育活动，如果你跟着教练不断学习、不断练习，你就慢慢达到了高级水平，让那些没有训练过的人觉得惊讶和羡慕。

如果说那些记忆大师离我们的学习太遥远的话，接下来我想告诉你的是，无论是在小学、中学、大学还是工作中，记忆法都能够帮助我们高效地记住必要的知识。参加完世界记忆锦标赛以后，这十多年的时间里，我一直致力于将世界记忆赛场上的顶级记忆技术应用于学习中，经过反复实践、验证和总结，形成了一套实用的记忆方法，我把它命名为"最强记忆秘籍"。

我清晰地记得，某次比赛后回到大学，很快就有一场考试。由于准备比赛，我请了长假，并没有学习那门课。考前的那个晚上，我借来同寝室同学的资料，从晚上11点到凌晨4点，在5小时里快速学习、快速记忆和复习。第二天早上，我把笔和准考证揣在衣服口袋里就去了考场。原本以为这门课要不及格了，实际成绩出来，竟是班级的中等水平。仅靠5小时的学习，我在这门课的分数上，超过了部分同学整个学期的努力。后来，我又以非常快的速度背完了《道德经》、考研单词、《新概念英语》第2册和第3册。

过去的10年，我培训过很多的中小学生。山东的谭康民同学，初三开始学习"最强记忆秘籍"，仅用6天时间就记完了《新概念英语》第2册，后来参与麻省理工学院的项目研究，并顺利成为留学生；湖南的樊星月同学，参加完记忆训练后，不到一个学期，从全校一百多名进步到第3名，后来顺利考入省重点高中；辽宁的王砚杰同学，在小学六年级开学前，开始学习"最强记忆秘籍"，在开学第一天只用2小时，就记完整个学期的全部单词，期中考试成为全班第一名。在小学和初中阶段，有非常多的学生在掌握了高效的记忆方法以后，学习效率显著提高，1小时记忆50~80个单词，或者1天记忆一个科目一学期的知识点。如果你也掌握了和他们一样的学习方法和策略，你也将对学习产生更加浓厚的兴趣，变得更加独立、更加自信。

正是基于以上的实践及教学成果，本书主要帮助中学生掌握一些快速记忆的方法和非常高效的学习策略。"掌握"的意思是，学习加上练习和应用，最终帮助你提高学习能力和学习效率。因此，本书设置了三大体系：

1. 学习和记忆的策略体系

学习策略让你更加精准地把握学习的关键环节，以实现事半功倍的目的。记忆策略让你科学认识自己的大脑，知道如何训练和激发大脑的记忆潜力，让你认识到自己的大脑也可以变得更加厉害！

2. 记忆的方法体系

记忆力是学习的一项核心能力。掌握6种高效的记忆方法，有助于大幅提升文科类科目的学习效率。

3. 学科记忆的实战体系

重点学科应用，让你备考有方！本书精选了语文、英语、生物、地理、政治和历史等科目中最基础、最核心或最普遍的记忆问题，帮助中学生减轻记忆负担。

这本书浓缩了10年的研究和教学经验，内容高效简洁、条理清晰自然，让中学生能够很轻松、很舒服地提升学习能力，提高背单词、背课文的效率，提高记忆生物、地理和历史等多个科目知识点的效率，合理制订学习计划，有效管控时间，保持高水平的专注力，进而提高做作业的效率，提高课堂质量。这些你最关注的记忆问题、学习问题，都将在这本书中找到解决的办法！有许多学员已经取得巨大的进步，祝愿你也能成为更好的自己！

目录
CONTENTS

第一章
成为超级学霸的秘密

第一节　高效课堂：榨取极致效率 / 004

第二节　高效作业：像玩游戏那样畅爽 / 007

第三节　学习的本质：实现持续进步 / 012

第四节　注重对"套路"的学习和运用 / 015

第五节　把书房变成学习乐园 / 018

第二章
记忆策略：5分钟提效30%

第一节　记忆力差的真相：你没有正确运用大脑 / 025

第二节　注意力涣散的防治措施 / 029

第三节　记忆大师无法割舍的装备 / 034

第四节　当记忆决堤，如何堵住遗忘的洪口 / 039

第三章
让你惊艳的图景类记忆法

第一节 打造你人生中的第一个记忆里程碑 / 047

第二节 开启高效记忆的3把钥匙 / 056

第三节 锁链记忆法,搞定零散易漏的知识点 / 060

第四节 情景故事法,让文字变成好看的短视频 / 064

第五节 记忆宫殿法,如此神奇 / 070

第四章
3种逻辑,让记忆力升华

第一节 时间逻辑记忆法,最简单的记叙线索 / 080

第二节 空间逻辑记忆法,优胜劣汰的法宝 / 085

第三节 关系逻辑记忆法,人类的特异功能 / 090

第五章
语文,如何记住你的美

第一节 生僻字,不只是一首歌 / 100

第二节 易混字词,一眼辨识 / 103

第三节 别再羡慕诗词大会的高手了,你也可以 / 106

第六章
英语学得好，记忆少不了

第一节　如何1天背完一学期单词　/　116
第二节　背课文，如何不再"蜀道难"　/　126
第三节　如何背诵整本书　/　134

第七章
生化学科的根基

第一节　生物难背的知识都在这里了　/　143
第二节　化学的基础：元素周期表　/　153

第八章
政史突击记忆：小科目，大逆袭

第一节　政治知识点记忆精选　/　161
第二节　历史知识点记忆精选　/　166

附录：数字编码表　/　171

第一章
成为超级学霸的秘密
CHAPTER 1

绝大多数的学霸，记忆力都相当出色。他们有意或无意中使用了一些记忆策略、记忆方法，再加上学习的兴趣与热情，对知识的思考与钻研，最终成为超级学霸，散发着令人赞赏的光芒……

普通的学生，能有一门课考到全班前3名，已经很不容易了。而超级学霸，几乎每一门课都好。你有时可能会出现这样的失落：你自认为最喜欢、学得最认真的一门课，可能还没有人家最差的那一门课考得好……

超级学霸在课堂上一学就会了，而你可能还存在没有学明白的地方。课后做作业，你总是遇到难题，使劲想也做不出来，时间久了，干脆一遇到难题，就直接放弃了……

令人略感欣慰的是，部分同学很有耐心，遇到难题，就回头重新看笔记、看教材全解、上网找资料、看视频课……不过，这样做会花很多时间，搞到深夜，影响了睡眠，损害了健康。

而超级学霸，在课堂上思考速度极快，甚至能预判老师接下来的问题是什么，答案是什么；在课后，同样非常专注，作业做得飞快！在考试的时候，他们不仅答题速度快，还很少出错！他们学习时的状态，看起来就像是入迷了一样！

与此形成鲜明对比的是，有大量同学注意力不集中，做作业拖沓，考试的时候，就单单是那些简单的题，因为粗心大意，该得的分数还是丢了十几分，甚至二三十分……

这一切的苦恼，这看似遥不可及的距离，到底是怎样一步一步拉开的呢？难道只能归结为：我生来就笨？我基因不好？我脑子不好？……

显然不是！人与人的大脑，尽管存在差异，但其实区别并不大！真的没有你想象的那么大！那么，所谓的超级学霸，到底是怎样炼成的？这背后到底隐藏着哪些不为人知的秘密？

第一节　高效课堂：榨取极致效率

你有没有发现：学霸在课堂上，是用脑子记要点，而不只是用手写笔记？

普通的学生，听老师讲课，表面上很努力，忙着用手写笔记，但听完课，知识在笔记本里；学习效率高的学霸，听老师讲课，表面上很轻松，实际很努力，忙着用脑记要点，听完课，知识在脑瓜子里。

这两种上课模式，会带来非常可怕的差距。课堂上，你最重要的任务，一定不是抄写笔记！一心专注于抄笔记，甚至显得有点傻……你可能会说，笔记很重要啊！不抄下来，以后我复习怎么办？

我直接告诉你答案：买一本教辅书，如《教材全解》《5·3》等，上面有详细的笔记，都是顶级名师或学霸给你整理好的，价格也不贵，却能省去一个学期的麻烦！还有人说，老师要检查笔记本，怎么办？你有两种方式：第一种方式，在课前或课后，极其快速地完成，不要太追求完美而浪费大量时间；第二种方式，你可以自己想一想……

总之，你最该关注的是：如何在课堂上，当堂就记住并彻底理解核心要点？

因为，这会产生一个极大的好处：你几乎不再需要花时间复习了！高质量的课堂，比课后低效复习3~5次的效果更好，算算你会节约多少时间吧！

并且，课后做作业，你会发现：题目都是课堂上老师讲过的类型，或者稍微有点变换，核心原理都一样。这时，几乎所有的题目你都会做，几乎没有难题会难倒你。我估计，你经常被难题耽误很多时间……

所以，高质量的课堂，至少有两个好处：一是让你节省低效的复习时间，二是让你做作业非常顺利！这两个好处，是你必须获取的！

怎么获取？怎么在课堂上记住、理解全部要点？我先给你讲一个传奇的故事，以后你想起这个故事，就知道应该怎么做了。

高中时，我所在的是省重点高中的实验班，同班同学都是从多个县市和主城区的初中选拔过来的成绩名列前茅的学生。可以说，只要能够稳定地在我们这个班上排名前十，就极有可能考上清华、北大。

我的同桌堪称是学霸中的学霸。他喜欢打篮球，喜欢玩游戏，喜欢踢足球……爱好很多。更让人羡慕的是，他一下课就被女生们围着，有说有笑，就像整个脸上写满了"开心"。后来，他考入了清华，和国家领导人成了校友。

我印象中有一件事，那是一个阳光灿烂的下午，在一次足球比赛中，他的眼睛被足球砸烂了。哦，不对，是"眼镜"！希望没有吓到你。他高度近视，当时我们坐在第二排，他也照样看不清黑板。我们都是住校生，只有周末才方便出校门去配眼镜。因此，那一周剩下的几天，我就非常好奇：他将怎样在"眼瞎"的状态下听课。要不要我帮忙？要不要我给他记笔记？事实证明，我这些想法都是多余的……

表面上看起来，他眼神恍惚，就像很多调皮的孩子上课不看黑板，而他的脑子却在干着一件惊人的事情：在英语课上，他极其专注，一听到重要的语法考点、重要的句型，就立即默默地复述一遍。等老师讲一些他已经会了的知识，或者请别的同学回答一个简单的问题时（这些时间片段，我把它们称作：碎片时间），只见他又默默地把那些重要知识，复习1遍、2遍、3遍……到一节课结束的时候，所有重要的知识，他都已经记住了！并且，他还利用课堂中的碎片时间，累计复习了5~10次！到了晚上，做作业的时候，他几乎没有不会的，没有卡壳，又快又准，非常顺利！文科的课程，他几乎都是当堂就记忆了全部重要知识点！

理科有些不一样……在数学课上，当时正学到立体几何。这种知识，要是不看黑板，很要命……实际上呢，在老师念题目的时候，他就在脑子里想象：这个几何图形是什么样子的，要做什么辅助线？先证明什么，再求解什么？大约在老师刚开始讲的时候，他竟然把答案直接说出来了！尽管很小声，但是我听到了（在此我必须声明，我没有窃听的癖好）。这就是学霸在课堂上学习理科的样子：思考于老师之前，当堂就彻底理解、彻底弄懂基本定理、基本公式。

你可能听很多人告诉你，课堂上要专心听讲。可是，什么才算是专心听讲？难道是，认真记笔记？难道是，目光紧盯着老师？或者，紧盯着黑板？其实，单纯地强调要专心听讲，是不可能做到的……

你需要带着目标去听讲，才有可能专注。这个目标就是：当堂就记住、理解全部重要内容！最好，还能用碎片时间复习3~7次。

仅仅做到这一条，你就极有可能轻松闯进全班前5名了（甚至更靠前）！所以，一定要重视课堂，这是学习最重要的一环！

如果你基础比较薄弱，担心课堂上不能全部记住、全部理解，那么建议你：适当超前学习，利用教辅书、网课等资料自学。先选择一个科目，立即实践，经过2周左右的努力，就基本能做到了。希望你能坚持2周，牢牢抓住学习最重要的环节，你将很快看到进步，踏上通往学霸的高速公路！

第二节　高效作业：像玩游戏那样畅爽

学习有多个环节，对中学生来说，最重要的环节是课堂，其次便是课后作业。学习之后，你需要做很多练习，才能深入掌握、融会贯通。这就是为什么老师会给你布置作业。有没有什么办法，可以不做作业，就能学习好呢？

别幻想了，真的没有！等你看完下一节，你就会明白：学习，必须有练习，否则是不太可能长期透彻地掌握知识的！

其实，关于做作业，最大的困难，还不是"做"与"不做"的问题，而是不想做、不愿做、不会做、做不下去和感觉做不完……

你有没有这样的经历：

（1）在学校的时候，做作业速度还挺快的，一回到家，就不想做了，效率很低，总是拖延。也就是：换了一个环境，写作业的效率就大幅下降了。

（2）做作业时遇到难题，非要把它想出来、做出来不可，以致耽误了其他作业，不能正常完成。也就是：做作业的过程，很不顺利。

（3）做作业的时候，每做一点作业，就翻一翻剩下的作业，看看还有多少没有完成，心里总是有种莫名的担心、烦躁。也就是：内心安定不下来。

（4）一边做作业，一边看电视或者和同学聊天，时间很快过去了，作业却只完成了一点点。也就是：不能专心。

（5）做作业之前，先玩一会儿游戏，或者先刷一些影片，想着休息一下再去做作业，结果，到了很晚还没开始做作业。当你终于下定决心，要做作业的时候，睡意来袭，大脑不清醒，写着写着，甚至直接趴在桌子上睡着了。

（6）在放假的时候，特别是放长假的时候，总是到了开学回校之前的关键时刻，开始想尽各种办法，突击乱搞，不顾质量。

如果你认真学习了我即将分享给你的高效作业策略，从此，你就不会在作业的荒野里随波逐流、苦苦挣扎，而是导航精准、动力强劲地快速到达目的地。其实，解决作业的问题，只需要解决以下两个问题即可！

一、如何快速进入学习状态，不再逃避和拖延？

学习状态不稳定、无法静下心来、不想做作业、总是拖延……导致这些问题的原因有很多，比如身体不舒服、心理上有疾病、过度劳累或睡眠严重不足等。除了这些常见的原因，其实还有一个重要的因素，那就是大脑的生理特性决定我们必须运用一些心理学的训练方法才能让它顺利进入高效记忆的状态。就像运动前我们需要提前热身一样，参加过世界记忆力锦标赛的高手们，在日常训练和记忆比赛开始前的1分钟或几分钟，通常也需要有一个调整心理状态的过程，这称作"心理预热"，其核心目的是帮助你把分散的注意力重新集中起来。为什么要这样做呢？

这就要说到人的大脑。它的重量很轻，只占正常体重的2%~3%，但是，它每天耗费的能量高达整个身体的20%~35%，所以用脑过多容易造成饥饿。根据达尔文的进化论，人类在漫长的进化过程中，往往伴随着食物的匮乏。为了能够生存，脑子这种耗费食物的器官，是不能轻易使用的。因此，脑子形成了这样的天性：不爱思考，需要刻意激发、刻意启动和刻意训练。这就是记忆大赛开始前，记忆高手需要运用心理小技巧来帮助自己大脑迅速进入高效记忆状态的原因。有哪些小技巧，可以让大脑迅速进入高效的状态呢？

1. 静坐在书桌前

如果平时学习知识或练习技能的时候感到烦躁，可以暂时放下手头的任务，先花几秒或几分钟，静坐在桌子前，平复一下躁动的思绪。如果有更多时间和空间，可以伸展一下身体或慢步走动一会儿；或者你也可以给自己暗自加油，想象自己已经来到考场，试卷等会儿就要发下来了。但是，试卷的内容，是你即将要完成的任务。

2. 有节奏地深呼吸

建议保持这样的节奏：均匀呼气8秒，保持8秒，均匀吐气8秒。如果你感觉不舒服，可以根据自身情况适当减少1~2秒。

3. 平静地冥想

闭上眼睛，想象优美的田园风光、波光粼粼的湖面，或者你喜欢的其他宁静的风景。如果配上轻音乐就更好了。给大家推荐禅修类或班得瑞音乐。

别小看这3种心理小技巧，当你尝试后会发现，心理状态明显会更加平静，专注力也明显提升。当我们能够将大脑调整到专注的、蓄势待发的状态后，就可以顺利开始高效地学习或记忆了。

二、进入学习状态后，如何快速完成作业？

下面，我将分享一个超级计划，你真正掌握了以后，作业效率会显著提升！

将作业拆分成一个一个的小任务。比如：你的作业中，有一套数学试卷。预计要1小时完成，你怎么拆分呢？可以把它变成三个小任务，比如：填空题和选择题，算第一个；前三道大题，算第二个；后面的几道题，算第三个。总之，你把任务拆分成几个部分，每一部分在20分钟内就一定能完成。为什么设定在20分钟以内呢？因为在做作业时，20分钟是大部分人能保持高效的时间长度，超过20分钟，效率容易下降。每完成一条任务，短暂休息一下，喝一点水，上个厕所，闭目养神，按按头皮，站起来跳10下……然后，进入下一个任务。先将你的全部作业都拆分成小任务，再形成一个计划清单。当然，20分钟不是一个绝对的标准……有些任务很小，可能5分钟就完成了，而另一些，可能要13分钟、17分钟。总之，根据具体的情况，预估一个时间，尽量控制在20分钟以内。特殊情况下也可以超过20分钟，当你专注力越来越好的时候，就可以适当延长你的时间尺度，如25分钟，甚至更长。最后，形成一个这样的计划清单：

（1）9分钟完成A任务

（2）14分钟完成B任务

（3）20分钟完成C任务

……

后面我会提到一个记忆神器，计划清单配合这个记忆神器，威力就更大了。你可以很方便地把实际完成任务的时间，记录在清单后面，像下面这样：

（1）9分钟完成A任务 （7.22）√

（2）14分钟完成B任务 （16.40）

（3）20分钟完成C任务 （18.50）

……

记录得多了，你以后就可以更精准地估计自己完成每条任务的时间了。每完成一个，画一个钩。这个钩，代表着"成就确认"！当你把计划清单勾满了的时候，成就感就爆棚了！如果每一天都这么充实地度过，学习的兴趣自然就来了！

学霸的学习：课堂上记住了、学懂了，作业井井有条地完成了，每一天都过得很充实。

普通的学生：课堂上没记住、没听懂、作业做不完、胡乱应付，每一天都落后一点点……

日积月累，巨大的差距就这样形成了！实际上，要想成为超级学霸，有很多方面都需要做好。但是，想要同时提高所有方面，很难成功。正如《道德经》所言：少则得，多则惑。你需要先选取少量的方面，选取最重要的方面去重点突破。然后在已经有所突破的基础上，再攻克下一个方面。这个少量的、重要的方面，也是最便捷、最容易成功的方面，就是：

● 高效课堂：当堂就记住、理解，利用碎片时间多次复习！

● 高效作业：拆解为小任务，目标清晰，不断确认成就！

牢牢抓住这两个环节，坚持两个星期，就会产生肉眼可见的效果。如果坚持下去，养成习惯，你的成绩一定会进入班级前列，甚至进入全校前列！我期待你的表现……

第三节　学习的本质：实现持续进步

你有没有这样的经历：

考试的时候，遇到一个难题，无论怎么思考，就是解答不出来；而到了老师讲解试卷的时候，或者当你看到答案解析的时候，猛然叹息一声（有些人会用力拍大腿）："原来这么简单！差一点就能做出来了！"

下一次，再遇到类似的题目，你已经知道答题思路了，知道题目考查的关键点在哪里了，因此解题过程非常顺利；也可能忘记了答题思路，又错了一次！

或者，遇到了一个超级难的题目或知识点，就算看了答案，就算老师已经仔细讲了，也还是不懂，就是不会。

更常见的情况，就是已经背过的知识点，在考场上忘记了；老师抽查的时候，不记得了……

这些状况的发生，总是让你懊悔或苦闷。更糟糕的是，当你出现这些情况时，老师可能会批评你"眼高手低""在同一个地方摔倒2次"，甚至N次。这不仅关乎分数，关乎辛苦学习之后的成果，还关乎尊严和脸面！

如果你认识了"学习的本质"，你将能够在学习上拥有"预言帝"一般的能力，提前审视、预判自己可能存在的问题，然后提前解决这些问题，避免在考场反复多次"踩雷"，一错再错，一忘再忘……从而让学习变得更顺利，更体面！下面的内容稍微有些难度，请耐心研读。

在教育心理学中，有一个非常重要的概念，叫作"最近发展区"，是由苏联教育学家维果茨基在儿童教育发展观中提出的。

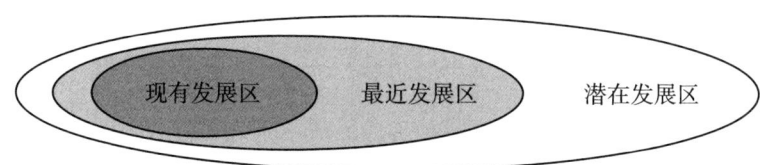

你已有的知识、概念，叫作"现有发展区"。通过一定的教学帮助、指导，你能取得一定的进步，这叫"最近发展区"。"潜在发展区"是暂时离你比较远的区域，短时间内难以达到。

不断记忆、练习和巩固你在最近发展区学到的知识和技能，直至熟能生巧、游刃有余了，最近发展区就成了你的"现有发展区"。现有发展区的范围扩大了，你的能力就变强了。

学习的本质就是：不断地将"最近发展区"变成"现有发展区"。所以，每一步，你都需要稳扎稳打！该走的路，都是要走的，不能跳过！但是，你可以更高效地走：记得更快，学得更多，做得更高效！这样，你就能实现：好好学习，不断进步！

你可不要小瞧了"不断进步"的威力，因为：

$$1.01^{365} \approx 37.8$$

$$0.99^{365} \approx 0.03$$

每天进步0.01，365天之后，就成了37.8；每天退步0.01，365天之后，就成了0.03！0.03与37.8，形成了遥不可及的差距！你想要37.8，还是想要0.03？

关于学习的本质，脑神经科学方面也有深入的研究。2014年，上海交通大学的李卫东教授率研究团队开展脑科学实验探究。参与实验的对象是一群记忆大师，世界记忆总冠军王峰、最强记忆教练袁文魁、"记忆九段"创始人周强、《最强大脑》高手李威、孙小辉、胡庆文、张铁汉和我都在其中。那次实验，用到了当时全球最先进的大脑扫描仪器，可以通过断层扫描的方式清晰地观测大脑结构。这种仪器由普林斯顿大学终身教授Zang-Hee Cho院士发明。Zang-Hee Cho院士一度被认为是诺贝尔奖的热门候选人。

其实，任何一个领域的高手，其大脑中的某个区域，都会形成发达的神经回路。信息传输很快，反应迅速，技巧娴熟！你看乒乓球冠军、跳水冠军……各种世界级高手，都是反复训练、精益求精、不断进步，最后在大脑里形成了发达的神经回路。你会发现，学霸的大脑，通常就是转得快一些，记得快、思考速度快、解题速度快！所以，你需要科学高效地训练你的脑子。如何训练呢？认真学习本书后续的学习策略、记忆方法以及学科应用!

第四节 注重对"套路"的学习和运用

在中学阶段,有很大一部分学生,会对语文作文、数学压轴题或其他难题望而生畏。如果一位优秀的老师给你解析,你一定会发现,这些高难度的题目会被拆解为若干个部分或步骤,并且,除了一两个部分或步骤确实存在一定难度,其他的部分或步骤,只不过是中下等难度而已。

将一个复杂问题拆解为若干部分或步骤,按照循序渐进的思路去分步解决,这就是"套路"。伟大的政治家一定深刻研究过哲学,并从中提取重要的思维框架或分析套路;伟大的科学家,一定有着严谨的学术研究方法、研究步骤;伟大的企业家,一定注重产业链的结构或业务的流程。

"套路"对人类的影响深远而巨大。以如今早已普及的小汽车为例,1885年诞生于德国,经历了近30年的发展,价格依然昂贵,当时资本主义国家的中产阶级依然难以负担,仅有少量富人才可享用。1913年,亨利·福特创立汽车装配流水线,用绳子和绞盘将汽车底盘在地板上进行传送。每一位工人固定在一个位置,负责一件工作,然后汽车从一个工序转到下一个工序。如此一来,汽车会更快成型。这样的装配"套路"下,每10秒就有一台T型车驶下生产线,装配速度提高了近8倍。到了1913年年末,福特汽车的产量已经占全美汽车总产量的一半。汽车的价格大幅下降，同时工人工资翻倍，3个月的薪水即可全款购买一辆汽车。

福特的创举震惊了全世界。从此，流水线开始在工业中大规模运用，极大地提高了工业生产效率，深刻影响了人类社会。到今天，手机、电池、芯片和石油化工等几乎所有需要批量化、大规模生产的工业产品，都采用高效的"套路"。工业4.0已经实现了智能化生产，流水线几乎实现了无人化、全自动生产。

工业生产的套路，本质上是把复杂的产品生产，拆解为几个、几十个或几百个小的步骤，每一个步骤单独来看，是比较简单的。简单，就意味着可以轻松、快速完成。当每一个小步骤都快速完成，最终生产能力和生产效率就得到巨大提升。同时，简单的步骤使一个一个的新技术得以通过系统集成，催生出越来越复杂和精密的产品。这就是复杂与简单在哲学上的对立统一及相互转化。

另外，在教育史中，一度出现了形式教育与实质教育的发展与争论。形式教育亦称"形式训练""心智训练"等。著名的古罗马教育家昆体良认为，教学不在于使学生掌握关于事物的知识，而在于"能力""口才"和"形式"的训练。形式教育认为，受教育的时间是有限的，不可能把所有的知识都灌输给学生。在教育中灌输知识远不如训练能力来得重要。如果他们的能力由于训练而发展了，随时都可以去吸收任何知识。所以掌握知识是次要的，重要的是能力的发展。人们的一切能力，都是从练习而来的，记忆力因记忆而增强，想象力由想象而长进，推理力以推理而提高，等等。这些能力，如果得不到练习，就会减退、变弱。因此，要注重对学习能力的训练。18世纪末至19世纪初，随着资本主义进一步发展，社会急切需要自然科学和职业技术。实质教育应运而生，注重科学知识本身，认为实质学科，如物理、化学、天文、地理和法律等，比文学、艺术等科目更有价值。到了现代，教育家们普遍认为，发展能力与学习基础知识是相互促进的，不宜偏废。

所以，在学习上，如果我们能够在掌握好基础知识的同时，再掌握更多的套路，尤其是长难知识、复杂知识或艰深问题的套路，那么，我们运用知识解决复杂问题的能力就会显著提升。因此，学习高手不只是听老师讲知识，还注重总结老师的套路，或者形成自己的套路。

在记忆力领域，包含记忆策略、记忆步骤和记忆方法。目前普遍注重的是记忆方法，而对记忆步骤和记忆策略存在不同程度的忽视。不同的知识，不同的记忆方法，在步骤上稍有区别，但总体上几乎可以统一为三个小步骤：

第一步：理解、熟悉知识。背古诗文、英语课文等，需要先熟读理解；背生地政史问答题，需要先理解题目和答案。背单词时，需要先读准发音、了解含义和单词拼写等。在这个基础上，既可以初步判断采用哪种记忆方法更加合适，也为记忆本身降低了难度。

第二步：分段简化，提取关键词。马克思教导我们，在解决问题时，要抓住主要矛盾及矛盾的主要方面。抓好"关键少数"，就是用最少的精力解决大部分的问题。对于长难的知识，可以分段简化，降低总体的记忆难度。

第三步：选用记忆方法。从本书第三章开始，细致讲解了最实用、最好用的几种记忆方法，它们效果好、适用范围广，并且经过十多年反复实践验证，相信能让你取得重大收获。

除记忆方法和记忆步骤之外，还有一个重要的板块，就是记忆策略。

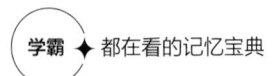

我将在下一章为你详细阐述!

第五节　把书房变成学习乐园

学习的环境有多重要呢?之前我并没有很在意。我曾听过为了锻炼自己的注意力,去菜市场看书学习的名人故事。这个故事似乎告诉我们,学习的环境看起来并不重要。我一度也是这么认为的,直到发生了一件事,让我的观念发生了翻天覆地的变化……

几年前的一个假期,我迷上了《新概念英语》第3册。将全书所有课文背下来,是一个让我无比心动的目标。全书一共有60篇长文章。由于假期只有4天,我给自己定了一个切合实际的目标:4天之内,记忆并默写全书的前半部分,共30篇。

那几天我待在一个酒店里。第一天住的是标准间,面积不大,感觉有些烦闷,灯光也比较昏暗。第一天过去了,只背了3篇,严重拖累了总体进度。更可恨的是,房间号竟然是"222"!后来我果断地换到了666号房间,没想到在这个房间里学习,效率竟然显著提升!房间内部是精美的复式结构,面积约60平方米,显得非常宽敞、非常舒适。在房间一个靠窗的角落,放置了一张桌子。桌子边放着一个可以灵活调整角度和高度的台灯,台灯也比较明亮。在这种环境里学习,感觉好多了。尽管价格高了很多,但为了完成目标,也在所不惜。后面的时间,平均每天背10篇,认真默写并批改。不仅效率高了很多,准确率也高了很多,最终顺利完成了目标。这次经历让我意识到，学习环境对学习有巨大影响力！

然而，有些人想当然地认为，学习一定要在艰苦的环境里进行，他们总是担心，如果环境太舒适、太安逸了，会对学习产生负面影响。这种情况，对于伟人、顶级的学习者或深度的爱好者，或者对于处于物质匮乏，就连借到或买到一本书都很艰难的时代来说，或许正确。而如今这个时代，物质繁荣，条件便利，若仍然不厌其烦地教导年轻人要在艰苦的环境里学习，这种教导不仅多余，更是一种错误！

我非常高兴在很多城市、很多大学，看到越来越多非常现代化、非常舒适的开放型图书馆、大型书城，它们是有格调、有档次的文化场所，吸引人们去这些地方看书学习。也有很多家庭，专门配置了舒适的书房。在这个终身学习的时代，随着经济和科技的不断发展，无论是政府、机构还是个人，在条件允许的情况下，完全可以积极营造更舒适的学习环境，这对学习兴趣和学习效率的提高，具有显著的效果。爱学习的人，会变得更加爱学习；不爱学习的人，或许也会因为环境的舒适而改变态度！

如果你发现自己在良好的环境里学习效率更高，对学习环境比较敏感，喜欢在好的环境里学习，你就可以选择一些舒适的环境。但是，良好的环境不一定都在附近，也不一定都免费，有时候需要付出巨大的时间代价或金钱代价才能得到。这时，我们可以亲自创造出一个良好的学习环境。你可以精心布置一下家里的书房或卧室，使其总体上显得整洁、舒适。在这个环境里，物品整洁，地面、桌面干净，灯光明亮不伤眼。你可以选择那些专门为了眼睛的健康而设计的台灯。如果条件允许，还可以挑选自己喜欢的舒适的书桌和椅子。

还可以布置一下文化环境。比如：在墙壁上悬挂一些知识类、学习类的名人名言。如果你已经有了自己的理想或想要成为某种类型的人物，你可以把自己的偶像挂在墙壁上，也可以张贴自己最喜欢的大学的海报。我清晰地记得，在读初中的时候，有段时间总感觉自己有些浮躁。有一天，我下定决心要改变自己，就用毛笔在书桌前面的墙壁上，写了两个很大的字：忍耐！就像鲁迅曾经在书桌上刻"早"字那样。很多年过去了，每次回到老家，看到墙壁上的那两个字，依然有一种鞭策的力量！

在休息的时间，你还可以在房间里放一些音乐。香港中文大学的一项研究结果表明，音乐训练除了可陶冶性情，还可增强对语言的记忆力，真是一举多得！

要让书房真正成为学习乐园，除了外在的环境布置有所讲究，自身的生理状态要健康，内心世界也需要安宁、和谐。因为安宁而和谐的心理状态，能让你学得更愉悦、更高效。有时候，你甚至会达到一种禅修的境界。在那种境界里，你看着阳光，看着小草，看着湖水，看着这普普通通的一切，看着这些你往日可能都不会在意的事物，你会在一瞬间，觉得世界如此美好！

2010年的秋天，我大约就进入了那种境界。那一年是我人生的重要转折点。表面上看，我先后参加了三场记忆力比赛，都取得了较好的成绩：世界记忆锦标赛华中区选拔赛全场总冠军、中国赛第9、世界赛全球第13，并荣获"世界记忆大师"称号。

尽管已经过去十多年时间，为准备记忆力比赛而专心训练的场景依然历历在目。特别是在世界赛之前一个多月，很幸运地受到袁文魁老师的邀请，与其他一些选手一起来到美丽的武汉东湖，在湖边一个城中村的简朴民房里训练。袁文魁老师虽然没有实现世界记忆冠军的梦想，但堪称天才型的教练，培养出了众多杰出选手。

在训练期间，我们能够持续大量地练习，并不断取得进步，很重要的原因就是保持良好的身心状态，自律地营造内在的心理环境。以下三个措施是经过实践验证的有效措施。

1. 学习或训练时，远离手机

手机的好处非常多，但是，负面影响也很明显。如今几乎没有什么东西比手机更能分散人们的注意力，并且浪费大量时间。当我们专心做一件事情的时候，哪怕只被打断一小会儿，表面上看起来不会浪费多少时间，但是我们需要更多的时间重新集中注意力，重新进入原来的状态。就像地铁，如果保持正常速度，每小时可运行80km，但由于每跑一段路就要减速停一次，然后重新加速恢复到80km/h的速度，尽管每次只停留了短短的几十秒，但平均速度极大下降，每小时实际跑的距离通常只有20～30km，与它本来能跑80km的潜力相比，显著降低。当然，我们不必像地铁那样每一站都停下来，而是可以在一段时间内尽量避免干扰，全心地投入学习，最终保持高效率。为了在世界记忆锦标赛上取得更好的成绩，我们训练的时候都很专心。我每天开机时间一般都小于半小时。在需要专心学习的时候，如果手机总是影响你的效率，就要尽力远离它。

2. 吃好睡好

几十年或几百年以前，人类经常遭受饥饿的威胁。直到今天，全球仍然有数以亿计的人，还在面临着粮食短缺的威胁。饥饿当然会影响大脑的功能。在今天的中国，已经不存在饥饿的问题，而是到了另一个极端，那就是暴饮暴食或营养不全面。吃多了或吃太油腻了，容易出现"饭晕"现象，让人昏昏欲睡。在这一点上，很多人的表现并不逊色于可

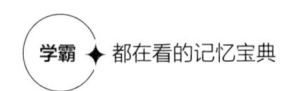

爱的大肥猪。

熬夜、睡眠不足，作息不规律，也会影响大脑的正常运行，容易导致注意力难以集中，最终让你的心理状态受到严重破坏。所以，你需要自律地保持良好的饮食习惯和作息习惯，以便让自己总是处于良好的心理状态中，这将为高效的学习打下重要的基础。

3. 保持锻炼

体力劳动需要健康的体魄，脑力劳动也同样需要。人类的大脑消耗能量和氧气的能力惊人！大脑的重量只占体重的2%～3%，但即使你不刻意用脑，大脑消耗的能量就已高达全身的20%。在持续思考、记忆等高强度使用大脑的情况下，消耗再增加10%～15%。能量和氧气通过血液输送到大脑。为了保证输送的畅通，需要通过锻炼增加肺活量，保持血液循环畅通，保持整个身体的协调平衡。

青少年时期是长身体的关键阶段。除了饮食营养，最重要的就是锻炼了。不要怕锻炼身体浪费时间，不要总是宅在教室或家里。身体健康了，也会促进心理健康，促进学习效率的提高。学习更多地体现为心理方面的活动，自律地营造良好的心理环境，是高效学习至关重要的保障。

总之，你可以选择和营造良好的外在学习环境，尤其是要尽力把自己的书房变成学习的乐园，与内在的心理环境一起，共同促进学习的进步！希望你看完这一部分内容以后，把自己的书房或卧室重新布置一下，让它变得更舒适、更适合学习。布置完了，建议你再发一条朋友圈，让身边的亲朋好友也关注一下你的学习环境！

第二章

记忆策略：5分钟提效30%

CHAPTER 2

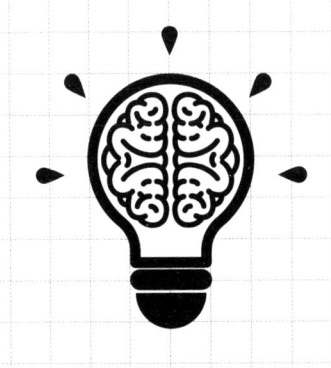

第二章
记忆策略：5分钟提效30%

运用记忆策略，会在很短时间内，取得巨大的效果。记忆策略或许有很多种，本书遵从《道德经》"少则得，多则惑"的原则，提供少而精、少而有用的策略和方法，选取最实用、最简单的策略，以便你立即就能用出效果，见证进步，从而在这条高效学习的道路上充满动力，坚定信心，不断前行！

第一节　记忆力差的真相：你没有正确运用大脑

人类的大脑，是地球上最发达、最聪明、功能最强大的大脑，远远超过其他所有种类的动物的大脑。或许你觉得自己记忆力很差，数学公式记不住，语文作文、英语单词总是背了就忘，一到考试大脑一片空白……我们不得不承认，不同的人，记忆力存在很大差异。这些差异产生的原因也有很多，既有生理层面的，也有心理层面的。除去大脑生理层面的缺陷或损伤，在大多数情况下，如果你感觉自己的记忆力差，其实只是你没有正确认识到大脑的记忆喜好，没有运用符合大脑规律的记忆方法，没有意识到记忆力是可以通过策略与方法的训练而不断提高的。在正式学习记忆方法之前，我们有必要先粗略地认识自己的大脑，认识大脑的基本结构和功

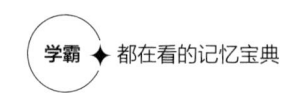

能。只要你运用符合大脑功能特性的记忆法，你就能轻松掌握快速记忆的秘籍。

美国科学家罗杰·斯佩里，在1981年获诺贝尔生理学或医学奖。他的杰出贡献就在于，通过对癫痫病人的"割裂脑"试验，发现人的左右脑的功能分工。左半球在逻辑分析、抽象推理、语言功能方面占优势，右半球在图画、空间、韵律等功能方面占优势，这也被称为"左右脑分工理论"。

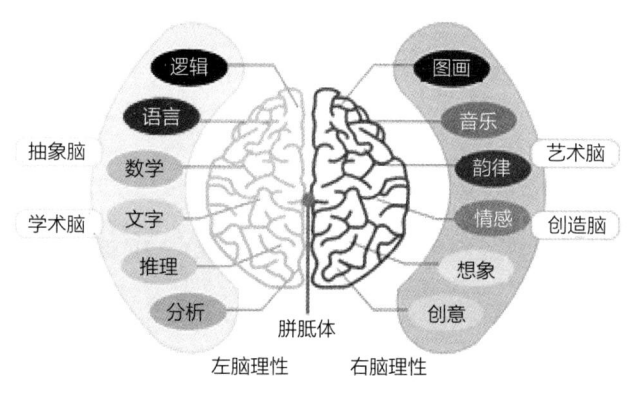

左右脑功能图

根据左右脑的功能特点，我们可以知道，有逻辑的信息容易被左脑记住，有图景的信息容易被右脑记住。这就给我们很大的启发，让我们在记忆的时候，多利用逻辑思维或图景思维，让大脑更容易、更快速地记住。也就是说，想要提高记忆力，你可以通过强化逻辑思维和强化图景思维两种方法来实现。

很多人渴望提高记忆速度，希望快速记住必背的知识。但是记得快真的就能代表记忆好吗？不一定。有的同学记得快，忘得也快，这是因为记忆的内容没有保存好。海马体是大脑里的一个部位，因为形状像海马，所以叫作海马体。海马体主要负责长时记忆的存储。当经过高效的记忆和科学的复习以后，你所学的知识就能转化为长时记忆，被海马体存储以后，你才不会轻易忘记。在本章第四节，我会专题讲述如何高效复习，防止遗忘，让短时记忆转化为长时记忆，告别遗忘的苦恼！

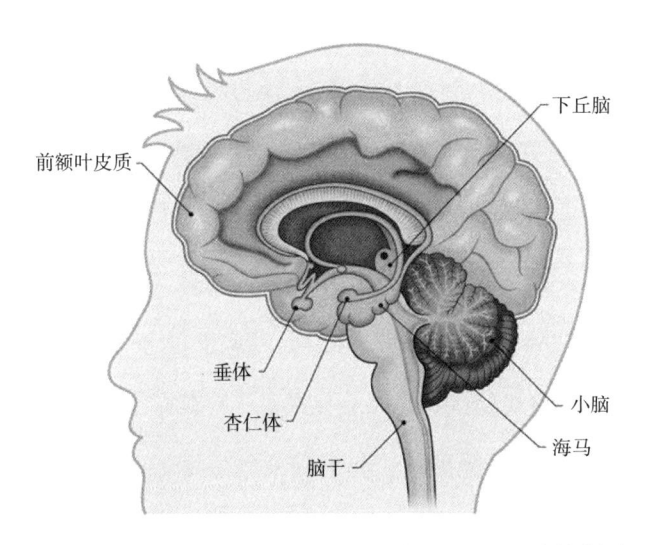

为了让你更直观地认识大脑的记忆特性，下面给你做个记忆力的小测试，看看你目前的记忆水平。请在10秒内记忆以下数字。注意哦，你只有10秒的时间！现在开始：

14　91　62　53　64　96　48　11　00

10秒结束了，你可以把刚才记住的数字写在纸上，看看你对了几个。估计你对自己的测试结果很不满意。其实不用担心，没有经过记忆训练的普通人记住5~9个都是正常的。如果你觉得很难记忆，请不要灰心，因为很多人都觉得难记。现在我再请你来记忆一些数字，看看会有

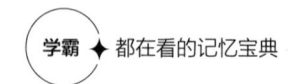

什么变化：

$$1 \quad 4 \quad 9 \quad 16 \quad 25 \quad 36 \quad 49 \quad 64 \quad 81 \quad 100$$

如果你对乘法口诀熟悉的话，你会发现，这些数字很有逻辑规律：1的平方是1，2的平方是4，3的平方是9，4的平方是16，依此类推，这些数字分别是1、2、3、4、5、6、7、8、9、10的平方数。如果你发现了这个规律，就会觉得非常容易记住了。如果你再仔细对照这两组数字的话，你会发现它们完全一样。但是你会很明显地感觉到，第二组因为有逻辑规律，所以很好记。体验到这里，相信你一定发现了符合大脑记忆规律的第一个要素：有逻辑！有逻辑的信息，会比杂乱无序的信息更容易记忆。

另外，再让你做一个选择题。我们随便拿一本书举例，比如：《西游记》，它是古典名著，也被拍成了电视剧。你更喜欢看《西游记》的图书，还是《西游记》的电视剧呢？尽管这套书很多同学都喜欢看，但是如果有电视剧可以看的话，相信有更多的同学会选择看电视剧。这是为什么呢？我们可以从进化论的角度来解释。在几百万年前，原始人和其他动物一样，都生活在大自然中。大脑每天接收的信息都是山川、河流、动物、植物和石头等形象鲜明的事物，于是，在漫长的生存和进化过程中，大脑适应了图像类的信息。而文字被创造出来并大规模使用的时间，还不到1万年。所以，人脑是很喜欢图像信息的，对于很多的信息，静态或动态的图像通常比文字更有吸引力，更容易被大脑接受。

第二节 注意力涣散的防治措施

你是否被老师批评过,说你上课的时候注意力不集中?你是否被父母吐槽过,说你静不下心,或者坐不住?其实,这不只是你的问题,也是许许多多人的普遍问题。尽管被反复告诫,要保持专注,也明白专注是多么重要,然而现实是,只有极少数老师、极少数课堂、极少数作业或任务,让你很喜欢、很有兴趣,让你很专心;也只有极少数同学,能在大多数的课堂上、自习中、做作业时,保持高度的专注。

专注力在记忆中也同样重要。任何高效的记忆方法,都离不开高度的专注力。毫不夸张地说,没有高水平的注意力,就没有高效的记忆力!而你应该感到高兴的是,我只是简单地强调一下注意力的重要性,接下来,我将重点告诉你,如何防止注意力涣散,如何有效保持高水平的注意力!你只要运用一两个措施,就能大幅提升注意力水平,随之让你的学习效率快速提高!

什么是注意力?

先简单解释一下,注意力就是将自己的视觉、听觉等指向和集中于某种事物的能力。课堂听老师讲课,如果你能够跟上老师的节奏,听懂老师所讲的内容,就说明注意力还不错。然而,有很多家长跟我说,孩子在课堂上总是走神,注意力不集中。也有不少学生意识到自己有这个问题,上课听着听着就不知道老师讲到哪里去了。错过了重要的知识点,就学不明白,课后还要花很多时间再去翻书、查资料、问其他人,这会带来恶性的连锁反应。

虽然大家都意识到注意不集中带来的严重危害，但是不知道怎么有效地保持注意力。注意分为有意注意和无意注意。有意注意是自觉的、有预定目的的注意。需要一定的努力，要积极主动地去观察某种事物或完成某种任务。关于有意注意，我最佩服的，是我的一位高中同桌。之所以佩服他，并不是因为他考上了清华，而是因为，他是我见过的所有同学或学生中，学习效率最高、注意力最强的人。

他上课极其专注。文科类的知识，他几乎可以当堂记住全部重要知识点；理科类的知识，他通常会深度理解，深度掌握基本原理和解题技巧。在老师讲例题的时候，他通常走在老师的前面，老师还没讲完，他已经提前做完了题目，偶尔遇到不会的，他就格外认真地注意卡壳的环节，从而在脑海里留下深刻的印象。

自习课做作业的时候，他的注意力同样非常集中。由于听课非常认真，课堂所学的内容非常清晰、深刻地印在脑海里，所以在做作业之前，他基本不需要再花时间去复习，就可以非常快速地做完作业。一到下课时间，他就很欢快地去休息、玩乐。而很多同学由于课堂注意力没有他那么集中，知识的学习没有他那么牢固和深刻，所以做作业之前还需要复习、查资料等，这就会造成非常大的差距。

因此，要保持有意注意，需要有明确的课堂目标，集中注意力抓住关键信息，深度理解、快速记忆。听课的最高境界就是：理解并记住全部重要内容！

为了让你真正地体验一下有意注意的威力，我将通过一个语文科目的例子，进行模拟训练。假设你现在正在上语文课，老师正在讲解一篇比较简单的课文，或者一首比较简单的诗歌。这时，你需要给自己设一个目标，比如，在听课的时候，就尝试在脑海里把课文背下来。这时，你就会启动你的注意力了。

这是杜甫的《茅屋为秋风所破歌》：

茅屋为秋风所破歌

［唐］杜甫

八月秋高风怒号，卷我屋上三重茅。茅飞渡江洒江郊，高者挂罥长林梢，下者飘转沉塘坳。

南村群童欺我老无力，忍能对面为盗贼。公然抱茅入竹去，唇焦口燥呼不得，归来倚杖自叹息。

俄顷风定云墨色，秋天漠漠向昏黑。布衾多年冷似铁，娇儿恶卧踏里裂。床头屋漏无干处，雨脚如麻未断绝。自经丧乱少睡眠，长夜沾湿何由彻！

安得广厦千万间，大庇天下寒士俱欢颜！风雨不动安如山。呜呼！何时眼前突兀见此屋，吾庐独破受冻死亦足！

第一段、第二段和第四段的内容非常简单，想象诗歌描述的情景，就能很容易地把它们记下来。我重点解读第三段。第三段一共有四个长句，可以算得上一首七言律诗。在解读的过程中，你除了要弄懂必要的解释，还要运用注意策略，保持有意注意，核心就是给自己设定听课的目标。文科类的目标通常是：听完就记住！现在请你做好心理准备，挑战一下当我讲完第三段时，就记住它！

①俄顷风定云墨色，秋天漠漠向昏黑。

②布衾多年冷似铁，娇儿恶卧踏里裂。

③床头屋漏无干处，雨脚如麻未断绝。

④自经丧乱少睡眠，长夜沾湿何由彻！

第①句开头，俄顷，意思是：顷刻之间、很快；风定，就是风定住了、风停了；云墨色，墨代表黑，也就是云变成黑色，变成黑云、乌云。秋天漠漠向昏黑，意味着黄昏、天黑。

第②句开头，布衾，意思是：棉布或麻布等布料做的被子。布衾多年冷似铁，被子冷得像铁（铁在寒冷的环境里，非常凉）。娇儿就是指孩子；恶卧，是指卧在床上的样子有点恶劣。娇儿恶卧踏里裂，也就是说孩子睡相不好，把被子里面的部分都蹬坏了。

第③、第④句非常简单，就不解释了。弄清楚古诗、古文中的基本注释以后，我们就可以来鉴赏这段文字。总体来看，这一段描述的是一个天冷漏雨、无法入睡的夜晚。诗人从四个时间点，把整个夜晚描述得非常精彩！

黄昏的时候：俄顷风定云墨色，秋天漠漠向昏黑。云黑、天也黑。随着时间的推移，就到了——

入睡的时候：布衾多年冷似铁，娇儿恶卧踏里裂。被子很冷，还被孩子弄破了。你可以想象一下，晚上你睡觉的时候，被子很冷，而且破烂不堪，你睡得着吗？再随着时间的推移，到了——

半夜的时候：床头屋漏无干处，雨脚如麻未断绝。床头漏雨，雨水不断地滴到床上。天哪！这半夜三更的，遇到这样的情景，简直要绝望了！

真是一个无比糟糕的夜晚。半夜熬着熬着，就到了——

清晨的时候：自经丧乱少睡眠，长夜沾湿何由彻！丧乱发生以来，睡眠就一直很少。又来一个漫漫长夜，床都沾湿了，何时是个头啊？从这一句可以推断出，作者度过了很多个难眠的夜晚。

刚才，我们从"黄昏、入睡、半夜、清晨"这四个时间点，有逻辑地梳理了时间顺序。你能不能背下这段话了？试试看，如果大致能背下来，就说明你的注意力是高度集中的！恭喜你！

不过，你还不能得意得太早。对于学习来说，保持有意注意可以带来较高的效率，但这并不是一件容易的事。要充分发挥有意注意的作用，还需要加强"克服走神"的能力！

下面，我会再教你三个小技巧，帮助你预防注意力涣散，或者在你感觉到自己注意力涣散的时候，及时把自己的注意力找回来。

技巧1：每隔几分钟，调整一下身体状态

高度集中的注意力，一般只能保持几分钟。所以，你需要不断地调整状态。在课堂中，不是特别重要的环节，比如老师在讲一个你已经会了的题目，或者请别的同学回答一个简单的问题时，你可以花10~30秒时间，揉一揉头皮、按一按额头、转一转头部、扭一扭自己的小蛮腰，这些都是可以调整状态的。然后，将注意力重新集中起来。

技巧2：尝试只用耳朵听课

在很多时候，我们不一定需要盯着黑板或老师。这时，你可以试着闭上眼睛，只用耳朵听，用心边听边想、边听边理解、边听边记忆，这也可以让你克服走神。当然，眼睛不能闭太长时间，否则容易睡着。一般每次闭眼1分钟左右就可以了。你可以每隔一段时间就这样操作一次。

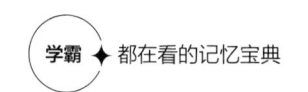

技巧3：发现走神及时打住

某个学生在课堂上走神了，他幻想着一些非常美好的事情，不知道是爱情，还是游戏，总之让他很着迷。他意识到自己走神了，但就是停不下来。他无法把自己的注意力从幻想的事情中转移出来。这时，你应该给自己定一个规矩：发现走神，及时打住。没有幻想完的事情，可以简要地记录一下，换到别的时间再去幻想。等车、吃饭、课间等时间段，有很多碎片时间，这时你可以接着去幻想那些让你着迷的事情。在课堂上，走神是必须及时打住的！

为了让你能及时运用这些技巧，我给你一个小任务：在学校或在上网课时，运用注意策略，努力达到理解并记住课堂上的全部重要内容！如果你能做到3次，你就可以很好地掌握注意策略了，这也意味着你的上课质量将得到大幅提高，学习效率得到很大提升！

第三节　记忆大师无法割舍的装备

为什么在大考临近的时候，你的学习态度会变得特别端正，学习效率会特别高？为什么在考试的时候，做题会更认真、更专注？为什么在比赛的时候，总能全力以赴，创造更好成绩？

这背后其实隐藏了一股驱动你努力的力量，它就是：时间！在紧要的关头，在争分夺秒的时刻，人们总是会爆发出惊人的能量！这股力量，也被绝大多数的记忆大师运用得炉火纯青！几乎所有的记忆大师，在平时训练和比赛中，都会用到一个记忆神器。有了它，记忆力就会不断提升，坚持使用这个神器一段时间，你的记忆力也会让别人望尘莫及。

它就是专业的计时工具：秒表。在记忆锦标赛的赛场上，很多选手争分夺秒地比拼，努力在规定的时间内记住更多的信息，或者努力用最短的时间，记住指定的内容。赛场组委会还会不断对成绩进行排名，并在第一时间通报成绩，这种激烈的比拼氛围，让每个记忆选手都竭尽全力发挥出更好水平。秒表，是学习或比赛计时的最佳工具。一旦你开始运用秒表，你就会更专心一些，效率自然就提高了。它在提升学习动机和学习管理方面，具有无与伦比的价值！它会帮助你运用合理的目标策略，让你制订出科学合理的目标，实现可持续的进步。目标策略是一个系统工程，大的目标往往也需要拆解成小目标，形成计划表。目标策略的第一个组成部分，就涉及如何制订可行的计划。

很多人信奉"计划赶不上变化"，以致不再重视计划。当变化发生的时候，要么临场发挥，要么逆来顺受。这显然不是很靠谱的做法。如果"计划赶不上变化"，就更应该做好周密的计划，以便最大可能地避免逆来顺受。就算是"临场发挥"，周密的计划也很可能让你发挥得更出色。不做计划，没有精细的目标，学习的效率通常不高。但是，做了不合理的计划，同样也会导致不良后果。有些人做的计划过于雄心勃勃，导致无法完成，总是不断地受挫，最终还可能造成严重的自暴自弃。因此，本节内容重点帮助你解决两个问题，具体如下。

一、如何制订一份合理的计划？

我总结了三个精简有效的技巧，供你参考：

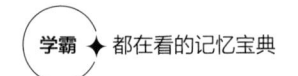

技巧1：按目标的重要性排序

关于时间管理，有一个非常重要的方法，那就是，把所有要完成的目标，根据重要程度和紧急程度，分为四类：

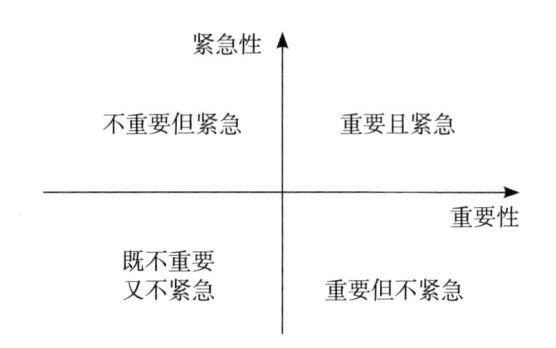

```
              紧急性 ▲
                   │
      不重要但紧急   │  重要且紧急
                   │
    ───────────────┼─────────────── ▶
                   │         重要性
                   │
       既不重要     │  重要但不紧急
       又不紧急     │
```

我们要把时间尽量用到重要的目标上，而不是紧急的目标上。并且把重要的目标放在计划的前面，优先完成。对于不重要的事，尽量少花时间。现实中，很多人都把时间用错了地方，总是根据紧急程度安排时间，而这将造成重要的目标总是实现不了。长此以往，你将会发现，自己总是进步得很慢，甚至原地踏步，没有提高能力，没有获得成果，反而错失重要的战略机遇期，造成非常严重的后果。

在制订计划方面，必须赞扬一下我们国家的发展规划。每五年，国家就根据人民的需要和国家的实力，制定一份合理的五年规划。五年规划的意义有多重大？看看我们在改革开放之后短短40余年的时间里，创造出的惊人成就，就一目了然了！反之，如果没有合理的目标和规划，是不可能有这样的成就的。具体到我们每一个人，也可以根据自己的情况，制订出合理的目标。

技巧2：适量放宽时间

计划落实不了，往往是因为时间不够用或浪费严重。不知道你是否经历过这样的困境：上一个任务还没有完成，下一个任务又来了，感觉安排被彻底打乱了，总是要慌忙应对很多事情。如果你有类似的经历，那就一定要注意时间管理。《弟子规》里面有这样一句话：宽为限，紧用功。也就是说，将各项目标的计划完成时间，尽量放宽一点，并且每两个任务之间，还要留一小段时间，作为缓冲或休息时间；实际执行的时候，还要稍有紧迫感。这样安排时间，计划就更有可能成功落实。连续的小成功，会积累学习的动力，也会积累"合理制订目标计划"的经验。从此走上"计划→完成→再计划→再完成"的良性循环。

技巧3：目标要清晰量化

我见过很多学生，在写计划时，每一个目标都写得非常模糊。比如：背单词、做数学作业、看书，这些都是不清晰的任务。怎么改进呢？我拿背单词来举例：背单词这个任务可以优化为"背20个单词，15分钟"。20个、15分钟，这就是对数量和时间的清晰量化。你还可以更进一步："背20个单词，15分钟，测试准确率达到90%"，或者"做数学填空题，20分钟，正确率不低于80%"。这样就把质量标准加上了，避免胡乱应付。

另外，如果完成一个目标需要很长时间，这意味着这个目标太过庞大，你需要把它拆解成几个小目标。日常学习或工作中，对于那些比较简单的目标，一般可以把每个小目标的计划时间控制在10~20分钟。如果你的自控力和专注力很强，或者你要思考难题、搞创作、搞科研创新等，在这些情况下，时间就可以延长到1小时以上，甚至以"天"为单位。

参考以上经验，把目标清晰地量化出来，并按重要性排序，安排合理的时间，这就意味着你学会了合理制订目标的能力！

二、如何更好地完成目标？

技巧1：利用秒表，给自己营造紧迫感，从而更加专注

前面的章节中，我讲过，在课堂上保持有意注意的核心秘诀是，带着目标听课，当堂就理解并记住主要内容。在自习的情景里，我们依然要带着目标去完成练习、做作业或自学等。这个目标，就来自你事先制订的合理计划。每一次都专注于一个目标，快速高效地完成。

在任务开始的时候，利用秒表开始计时！这会帮助你进入一种适度紧张的氛围中，让自己变得更专注一些。完成一项任务后，暂停计时，把使用的时间写在任务的后面。

技巧2：完成后做标记

当你完成一个目标之后，在那个目标后面打个钩，代表自己完成了。当你看到一项一项的目标都完成了，那种成就感会让你很满足、很喜悦，长此以往，还能增加学习的兴趣。完成任务、做完标记以后，你可以关注一下自己实际完成任务的时间，与原本计划的时间作个对比。如果实际使用的时间偏长，就反省一下，刚才有哪些环节浪费了时间？也可能并没有浪费时间，而是计划的时间偏少。如果你在完成目标的时候，总是提前很长时间或总是延后一些时间，你就可以在下次制订计划的时候，适当地减少或增多一点时间。当然，最理想的情况是，总是提前一些时间完成。偶尔遇到特殊情况，有所延后，这也是很正常的。但是，如果处理不当，可能会打乱整个计划，让你进入混乱失控的状态里。如何避免这种情况的发生呢？这就涉及第三个技巧了……

技巧3：学会调节计划

当发现计划制订得不科学或计划落实出现问题时，你就要调整速度或调整进度了。当你已经很专注、很努力了，还是没有在计划的时间内完成任务，这就很可能是计划不科学，你需要给自己增加一些时间，或者把这个任务暂时放下，先完成后面的，等其他完成了再来补这一个。计划没有完成，更大的可能是，你没有保持专注，中间被打扰了或走神了。这时，你需要重新运用本章第二节中的"注意力涣散的防治措施"，让自己快速重新回到专注的状态。另外，在完成任务过程中，由于对困难估计不足，也会导致不能按时完成任务。这就要用到考试中常用到的"先易后难"策略。当你完成主要的任务后，可以专门安排一些时间，去思考难题，去查找资料，去寻求同学或老师的帮助。总之，这些都是调节计划的常用方式。

本节的最后，希望你能实际行动：一是去网购一个秒表，普通款9～10元，已经足够用了。不建议选购太复杂、太昂贵的秒表。有了秒表，你就有可能像记忆大师那样更专注地学习或训练。二是为你今天或明天的作业，或者近期的学习任务，制订一个科学合理的计划。要求：按重要性排序，每一项目标要清晰量化！

第四节 当记忆决堤，如何堵住遗忘的洪口

在学习知识的时候，遇到不会的，会让人觉得心累；曾经学会了、记

住了的，现在已经忘却，会让人感觉心碎；在考试的时候，才发现想不起来，那就更会感觉崩溃……

本节的主题是科学复习，帮助你将所学内容转化为长时记忆，实现深度习得。在讲解具体的策略之前，我先谈一个关于日积月累的骗局。你很可能受到过这样的鼓励：如果一天背10个单词，一年就能背3650个，3年就可以背一万多个。问题是，他／她自己做到过吗？有考虑遗忘的现象吗？一天可以背10个，一天也可以忘八九个。而且，在这个充满了游戏、美食、美景、八卦等花样百出的诱惑的世界里，坚持下来的人又能有多少？这个鼓励看起来很美好，却通常被证明是一个很难实施的幼稚的幻想。

如何才能解决遗忘的问题呢？我们需要先了解遗忘的规律。

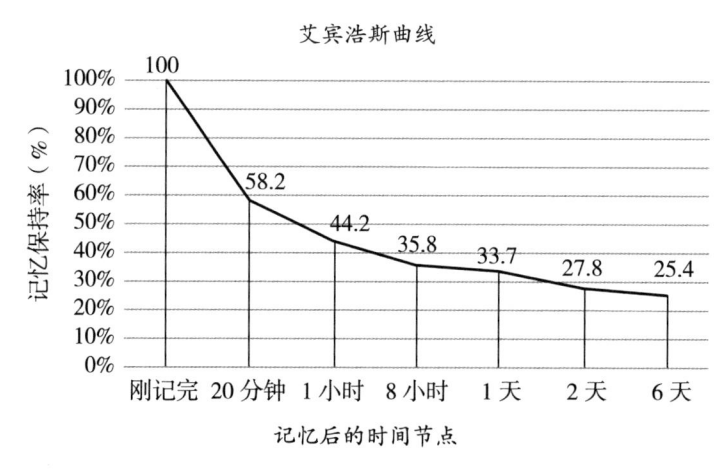

艾宾浩斯曲线

刚记完 100，20分钟 58.2，1小时 44.2，8小时 35.8，1天 33.7，2天 27.8，6天 25.4

记忆后的时间节点

很多人都知道艾宾浩斯遗忘曲线，但不一定能够准确地理解它，或者高效地应用它。上图是德国著名心理学家艾宾浩斯，根据实验研究结果绘制的遗忘曲线，它揭示了遗忘的两个规律：一是，我们曾经记住的内容，如果不复习，保持在脑海里的内容会变得越来越少，也就是忘掉的内容会越来越多；二是，遗忘的速度在初期是比较快的。

之所以说很多人没有理解这条曲线，有两个原因。

第一个原因是：不同的知识对应的遗忘曲线，存在着巨大的差别。艾宾浩斯做实验，是选用毫无规律的字母组合，如cfhhj、ijikmb，并且记忆的容量相对偏小，通常为12~36个。如果把记忆素材换成单词、诗歌、课文或人文知识点等，记忆的保持率随时间的变化与上图曲线会存在显著不同，遗忘曲线一定会被改写。

第二个原因是：不同的记忆能力或方法，也会产生巨大的差别。2010年冬天，在第19届世界记忆锦标赛结束后的第3天，我突然发现，赛场上记忆的绝大部分信息，仍然能清晰地回忆起来。赛场上有些项目只记忆了一遍，比赛结束后再也没有复习过，但是3天之后，记忆依然保持完好。这也说明，如果运用了高效的记忆方法，遗忘曲线也会被改写。

影响这条曲线的因素还有很多。但是它揭示的规律是科学的：记忆任何信息（特别是大量的知识或信息），如果不复习的话，都会随着时间的推移而慢慢遗忘，记忆的保持率越来越低。在少数极端情况下，比如事件意外或新奇，场景幽默或刺激等，可能会让人终生难忘。在绝大多数的正常情况下，我们无法摆脱遗忘规律，世界记忆大师也不例外。

在了解遗忘规律的基础上，接下来我会教你三个非常实用的复习策略。我之所以强调实用，是因为我见到过一些人根据艾宾浩斯的理论，在复习时生搬硬套。他们设计了看似非常完美的复习计划，但能做到的人，大约不超过5%，而绝大多数人不能很好地做到。这意味着实用性不强。

策略一：在最佳的时间点复习，事半功倍

不同的人，最佳的复习时间点会有区别。有的人喜欢在早上背书，

而有的人喜欢在晚上背。在大多数情况下，以下三个时间点是最容易利用的。你可以选取其中一个或多个。

1. 立即复习，效果卓著

遗忘曲线显示，在早期阶段，保持率下降速度很快，所以立即复习可高效阻止遗忘。我熟悉一位考入清华的学霸，他上课的时候，老师讲的重要知识点，他会立即复习。课堂上一有空闲时间，比如老师擦黑板的时候，或请其他同学回答一个他已经明白的问题时，哪怕5秒、10秒，他也会利用起来，不断地复习本节课的重要内容。一节课结束时，他已经把当堂内容复习了好几次。晚自习做作业的时候，脑海里清晰地存着白天的知识点，所以做题速度很快，效率极高。课间休息、体育课或放学后，他总是玩得很尽兴，但成绩一直很好。最大的秘诀就是，课堂上总是在"立即复习"！

2. 睡前或醒来复习，可形成复习的好习惯

有些同学晚上清醒，有些同学早上清醒。在清醒或干扰少的时间里，复习的效率会更好。记忆心理学也阐释了早晚睡眠前后复习的优势：晚上睡觉前复习，然后入睡，后面没有学习新的内容，所以就不存在倒摄抑制。倒摄抑制是什么意思呢？它是指之后学习或摄取到的信息，对当下所记忆的信息产生干扰。早上起床时，由于醒来之前没有学习新的内容，不存在前摄抑制。这时复习或记忆的内容，可以准确高效地"装进"脑子里。前摄抑制就是之前摄取的信息，对当下所记忆的信息产生干扰。

如果你能做好立即复习、睡前或醒来复习，就已经非常棒了！这比较容易做到，并且效果很好。不同的人，不同的心理状态，不同的知识，对复习次数的要求是不一样的。一般来说，一个知识要复习3～10次。如果你已经很熟悉一个知识了，就不用密集地复习了。在周末或考前再复习一下就可以了。

策略二：利用测试效应，大幅提高复习质量

前面的部分，阐述了遗忘的规律、复习的时间规划和复习的参考次数。但仍然缺少一个极其关键的环节：如何让每一次的复习，变得更有质量？

现实中，有太多的复习，要么像蜻蜓点水，没有复习到点子上；要么花费了太多的时间，效率低下。与单纯的重复学习相比，在学习过程中有目的地加入测试，能更加有效地巩固已经学过的知识，并提升长时记忆的效果，这就是所谓的测试效应。

测试本身就是一种极好的复习手段。而默写是一种很好的测试手段。默写一遍会让记忆变得更加深刻，抵得上口头复习5次的效果。我在背《新概念英语》第2册和第3册时，对所有的课文都进行了默写。把书合上，凭着脑海里的印象默写，然后对照原文批改。更重要的是，测试让我们清楚地知道哪些地方掌握得不够好，后续可以精准地复习那些没掌握好的部分，而不是盲目地复习所有内容。

因此，测试对记忆的保持，具有极好的促进效应。测试之前，会更专注、更认真；测试过程中，本身就在深度地复习，比眼看式或口头式复习效果更佳；测试之后，通过红笔批改，清晰地知道哪里出现了问题，进而精准地解决，同时节省了时间。

测试的手段，除了默写，还有很多其他的形式，比如：

学完东西，可以合上书本，用自己的话复述一遍；

也可以在脑海里回忆，回忆非常方便，在路上或躺床上都可以进行；

还可以把所学的东西讲给其他人听；

学完后，做一些测试题。

以上这些都是很好的测试方式。

策略三：记忆重载，歼灭顽固分子

在复习的过程中，还存在一种令人烦恼的情况：总有一些知识，老是想不起来，记了忘，忘了记，来来回回很多遍，总是记得不够稳固，这就是记忆中的顽固分子。这时，最常用的方法，就是利用我们本书第三章及之后的记忆方法，从逻辑思维或图景思维出发，多角度、多方法重新记忆，构建多个记忆的联结线索。在某种情况下，一个好的记忆方法，有时会让你保持很长时间的印象，甚至让你终生不忘！

第三章
让你惊艳的图景类记忆法
CHAPTER 3

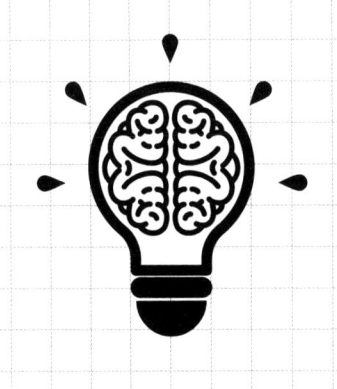

第一节 打造你人生中的第一个记忆里程碑

从小学开始,一直到初中、高中,学习的知识不断增加!要背的知识,感觉无穷无尽……背了一天又一天,熬夜也背,但每次只能背一点点!更悲催的是,好不容易背过的,还忘了……你是不是也曾经遇到过这样的情况?很多人苦苦煎熬,却效率低下,还找了一些理由,认为自己的记忆不好,甚至负面暗示,潜意识就觉得自己记性不好!

其实,只要脑子在医学的标准上是正常的,没有先天缺陷或后天损伤,这样的大脑都有惊人的、几乎是无限的记忆潜能!给你举个例子,你知道世界上最大的图书馆叫什么名字?

美国国会图书馆馆藏超过1.73亿件藏品,包括超过5100万册书籍,书架总长度长达848km!这是个什么概念呢?如果以100km/h的车速在书架铺就的高速路上开车,需要超过8小时才能走完全程!这个图书馆够大了吧?

你是不是觉得,在这样的图书馆面前,你的脑子显得非常渺小?这是你的错误观念!因为,据科学家推算,大脑的记忆潜能大约相当于5亿本图书!你没有看错,就是5亿本!相当于最大图书馆藏书的约10倍!我和你一样,最初看到这个数据的时候,不敢相信!简直惊呆了……

不过呢，这只是理论推测，目前也还远远达不到。但是，这至少是一种激励！让你知道，你表现出来的记性不好，只是没有充分开发大脑的潜能而已。当然了，有人会想："就算我知道我有这个潜能，但我还是记性差呀！这可怎么办？"

现在，我宣布：我要帮助你打造你人生中的第1个记忆里程碑！从此以后，你再也不会觉得自己的记性差了。曾有学员在打造了这个记忆里程碑后，拍着大腿感叹：脑子真是个好东西！

这个记忆里程碑是什么呢？先让我介绍一位伟大的人物！他是谁呢？

他就是：茅以升！

茅以升于1896年出生在江苏，生前系九三学社中央名誉主席，中国铁道科学研究院院长，桥梁专家，中国科学院院士，美国工程院院士。1916年毕业于西南交通大学，1917年获美国康奈尔大学硕士学位，1919年获卡内基—梅隆大学博士学位。回国后历任江苏省水利厅厅长、中国桥梁公司总经理、北洋大学校长、铁道科学研究院院长等职。1955年选聘为中国科学院院士。1982年当选美国国家工程院外籍院士。茅以升曾主持修建了中国人自己设计并建造的第一座现代化大型双层公路铁路两用桥梁——钱塘江大桥，成为中国铁路桥梁史上的一块里程碑。新中国成立后，他又参与设计了我国第一座跨越长江的大桥——武汉长江大桥。

茅以升不仅是科学家，也是记忆高手！小时候，他酷爱读书并善于读书。许多人惊羡他神奇的记忆力，殊不知这是靠他勤奋地背诵锻炼出来的。为了锻炼记忆力，茅以升每天早上就站在河边背诵古诗、古文。河面上，风帆往来，渔歌阵阵，他能视而不见，听而不闻，完全沉浸在自己所需要的知识海洋里。天长日久，他不仅背熟了许多古诗、古文，而且有效地增强了记忆力。

一天,他爷爷用毛笔抄写古文,茅以升站在一旁默记。等爷爷搁下毛笔,他竟然把一篇《京都赋》一字不漏地背了出来。茅以升不仅背诵古诗、古文,还不畏枯燥,背诵那些抽象的数字。

一次,他看到有篇文章把圆周率的近似值写到小数点后100位,就决定背诵这些枯燥的数字来锻炼记忆力。于是,他一节一节地来记这一长串数:14、15、92、65、35、89、79、32、38、46、26、43、38……尽管很难记,但从小数点后十几位,到几十位,直到100位,他硬是用了一个月时间,熟练地背了下来!

而如今的记忆技术,可以让普通人20~30分钟就记忆下来100位无规律数字,记忆大师甚至只需要1分钟左右。但是,茅以升先生的毅力非常可贵!在他80岁高寿时,他还能奇迹般地背诵少年时代记下的这100位数字!

下面是圆周率小数点后100位,你能背多少位呢?

```
1 4 1 5 9 2 6 5 3 5 8 9 7 9 3 2 3 8 4 6
2 6 4 3 3 8 3 2 7 9 5 0 2 8 8 4 1 9 7 1
6 9 3 9 9 3 7 5 1 0 5 8 2 0 9 7 4 9 4 4
5 9 2 3 0 7 8 1 6 4 0 6 2 8 6 2 0 8 9 9
8 6 2 8 0 3 4 8 2 5 3 4 2 1 1 7 0 6 7 9
```

这么厉害的科学家,背完这么多数字,花了1个月!如果你记忆的方式与茅以升先生一样的话,花费的时间估计也不会低于他。

记忆方法,就像是一种砍树的工具,最初人们用刀砍。俗话说,磨刀不误砍柴工。用刀砍一棵碗口粗的树，然后把树枝修理掉，大约需要1小时。后来，砍柴的工具得到了升级……

光头强，他用什么砍树？电锯！用电锯，干同样的事，大约需要10分钟！后来，砍柴的工具再次升级……

工业4.0时代的砍树工具，10秒就能砍好一棵树！同样的道理，记忆方法也在不断升级……

不知道你的记忆方法，是停留在砍刀时代？还是电锯时代？你想不想把你的记忆方法，升级到"大脑4.0"版本？接下来，就是大脑升级的时间了！就像电脑的软件升级，升级期间不能断电、不能断网，你要全神贯注地学习下面的内容，才能顺利完成升级。

好啦，让我们正式开始吧！我建议你，准备一支笔，等会儿方便做笔记、做练习！在这个训练中，我会让你体验三种高效的记忆方法，你只需要认真阅读和思考，就一定可以学会！

先请你把下面每一个词语，读准确！一个字都不要错！

钥匙　鹦鹉　球儿　尿壶　山虎

芭蕉　气球　扇儿　妇女　饲料

河流　石山　妇女　扇儿　气球

接下来的内容，你不仅要阅读，还要边读边想象出我描述的情景：

钥匙插在**鹦鹉**的脑子里（脑浆都流出来了）；

鹦鹉用小嘴巴叼着**球儿**；

球儿掉进了**尿壶**（散发着腥臊的气味）；

尿壶里的水洒到了**山虎**身上；

山虎用爪子抓**芭蕉**；

芭蕉尖尖的，戳破了**气球**；

气球下面的绳子上绑着一把**扇儿**；

扇儿掉下来砸到了**妇女**；

妇女正在吃**饲料**；

饲料倒进了**河流**里；

河流冲倒了**石山**；

石山压住了**妇女**；

妇女拿着一把**扇儿**；

扇儿使劲地扇着**气球**，把气球扇飞起来了！

想象完成以后，请你回忆一下刚才我描述的情景。你能不能把这15个词语复述出来？如果有卡壳的地方，可以重新阅读并想象一遍。

现在，请你把这15个词语，按顺序完整地默写出来，不会写的字可以

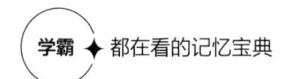

用拼音代替：

_____

_____

如果你能准确地全部默写完，就代表你已经记住了。不过，你以为你只是在记忆15个简单的词语吗？

不是的……你实际上记住的，是圆周率小数点后面的30位数字。不信，请你仔细看下面的图：

钥匙 14	鹦鹉 15	球儿 92	尿壶 65	山虎 35
芭蕉 89	气球 79	扇儿 32	妇女 38	饲料 46
河流 26	石山 43	妇女 38	扇儿 32	气球 79

图中的数字，就是圆周率小数点后面的前30位。你能看懂词语和数字的关系吗？这里面，绝大部分是运用谐音的方法，把词语变成了数字。不过有两个难点：一是尿壶，谐音65，不是特别精确，有时不容易把词语转换成正确的数字；二是妇女，为什么它对应的数字是38？这是运用了"含义"来转换，因为3月8日是个特别的日子，妇女节！

现在，我有一个新的要求。你刚才记了15个词语，现在请你不再背词语，而是把词语代表的数字背出来！给你1分钟，试一试！

第三章
让你惊艳的图景类记忆法

学到这里，你还不会有很大的成就感，但是你应该感觉到了这种方法是很简单的，对吧？想要获得成就感，现在继续……

下面，我要换一种记忆方法，你学完之后，仍然会觉得简单！同时，你的成就感就会变得更强了！因为接下来，你要攻克的，是圆周率小数点后面的第31~60位数字！但这一次，我故意给你增加一点难度，我打算不给你配图了，只有文字，你需要自己去想象图像！到锻炼想象力的时刻了！

你先仔细看一下下面3组词语，边看边想象词语代表的图像：

第1组：武林 恶霸 巴士 衣钩 机翼；

第2组：太极 胃药 旧伞 西服 棒球；

第3组：尾巴 香烟 旧旗 湿狗 蛇。

接下来阅读下列文字。同样要边读边想象，争取实现"读一遍就记住"！

一个**武林**高手，正在追杀一个**恶霸**！**恶霸**开着一辆**巴士**一路狂奔，**巴士**撞飞了一个**衣钩**，**衣钩**飞到空中，钩住了飞机的**机翼**。**机翼**下面是一群打**太极**的人，他们肚子疼，去买三九**胃药**。喝完**胃药**，坐在一把**旧伞**下面休息。然后换上**西服**，去打**棒球**。**棒球**打到了一条**尾巴**，**尾巴**正卷着一支**香烟**，烟把**旧旗**熏得燃烧了起来。**旧旗**下面有一条浑身湿漉漉的**湿狗**，**湿狗**咬死了一条**蛇**。

现在，请你回忆一下刚才我描述的情景。能不能把这15个词语记下来？如果有卡壳的地方，可以重新读一遍。

然后，请你把这15个词语，按顺序完整地默写出来，不会写的字可以用拼音代替：

_____

_____

接下来，为你解密：这些词语对应什么数字？

武林50　恶霸28　巴士84　衣钩19　机翼71

太极69　胃药39　旧伞93　西服75　棒球10

尾巴58　香烟20　旧旗97　湿狗49　蛇　44

69 太极

我估计，你会有一些疑问。比如，胃药对应的数字为什么是39？因为有一款药叫作"三九胃泰"。棒球，球杆像1，球像0，所以是10；香烟，一包通常有20支，所以是20；蛇，嘶嘶响，所以是44。现在，试试把词语代表的数字背出来！

学到这里，你是不是真的感觉到，高效的记忆方法其实很简单？很容易学会？伟大的科学家茅以升花1个月时间记住的东西，在这里，分分钟就搞定了！当然，我们知道，茅以升记住的是100位数字，目前我们还只学到60位。在这里，我犹豫了，考虑着还要不要接着写下去？"少则得，多则惑"，这个学习原则始终在耳边回响……每一次，追求得适当少一点，会真正得到、拥有；贪多，反而会掌控不住，会消化不了，会困惑，会失去！不知道你是否留意到，茅以升到了80岁还能记得圆周率小数点后面的100位数字。这是怎么做到的呢？

说到记忆，其实可以分为两个方面："记"和"忆"。"忆"的重要性，往往比"记"的重要性更高！根据我的经验，"忆"比"记"重要3～10倍！因为，信息一旦成为长时记忆，就很难忘记了，几个月，甚至几年，都不会忘！而很多人，稍微一学习，就觉得自己学会了，其实知识还停留在短时记忆阶段。他们不断学习，学习更多知识，起早贪黑，看起来非常努力，结果不注重复习和练习，总是忘了前面所学的内容，没有获得知识和能力的积累！没有形成积累，你就是学习的月光族！甚至是学习的日光族！一天后就忘记了！

如果你不想错过后面的40位数字的记忆，想要彻底掌握茅以升先生同款的记忆里程碑，你可以扫码听课，我已经把这一段录成视频了。

扫码观看视频

第二节　开启高效记忆的3把钥匙

在上一节"打造你人生中的第一个记忆里程碑"中，你已经初步感受到了抽象数字的记忆方式：将数字转化为图像，从而让右脑能够敏感地识别并记住。然后，你只需要把这些图像转译为数字即可。

抽象的信息，除了数字，还有抽象图形、抽象名词概念等。在英语、政治和历史等科目中，包含大量抽象的信息。在记忆这些信息的时候，如果死记硬背，很多人会感觉非常困难。如果想要轻松有趣地记忆，通常需要进行信息的转换。本书给出常用的"3把钥匙"，助你开启高效记忆的新篇章！这3把钥匙，也是几乎所有记忆大师、记忆冠军经常会用到的技巧。他们创造的惊人的记忆纪录，或者短时间内记忆整本书或大型考试知识点的创举，背后都有这3把钥匙的功劳！下面为你细致讲解。

第1把钥匙：替换

国家是一个抽象的概念，比如，泰国、法国和埃及。这时，我们可以用这个国家独特的标志来替换。泰国的独特标志有人妖；法国有埃菲尔铁塔；埃及有金字塔。这些独特的标志，图像感非常鲜明，可以用来替代它们所在的国家。

替换的含义是：利用一个字词或相关事物来替代原有的信息，以实现简化或形象化。替换法主要用于自己熟悉的、理解难度不大的信息。示例：用替换法记忆新时代坚持和发展中国特色社会主义的基本方略——"十四个坚持"。

"十四个坚持"	替换
坚持党对一切工作的领导	党旗
坚持以人民为中心	人（升党旗的人）
坚持全面深化改革	深挖（谐音：深化）
坚持新发展理念	新发型
坚持人民当家作主	顶梁柱
坚持全面依法治国	国徽
坚持社会主义核心价值体系	标语
坚持在发展中保障和改善民生	民房
坚持人与自然和谐共生	树木
坚持总体国家安全观	护栏
坚持党对人民军队的绝对领导	军人
坚持"一国两制"和推进祖国统一	港珠澳大桥
坚持推动构建人类命运共同体	多肤色人群
坚持全面从严治党	党章

这十四个坚持，除了第3条用到了谐音（下文会重点阐述），其他部分都是运用了替换的方式。替换以后，记忆的难度就显著下降了。

第2把钥匙：望文生义

有些文字信息组合在一起时难以理解，但是如果把文字拆开理解，或者通过场景实例辅助理解，记忆难度会显著下降。比如，常、国、辉这三个字组合在一起，并没有什么含义，也不是我们所熟知的概念，但每一个字又很好理解，这时可以通过望文生义，把文字拆开理解：常常想让国

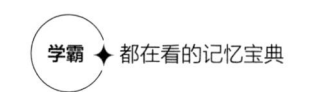

家更辉煌！这就是一个通顺的句子，符合语言表达的逻辑，记忆难度就降低了。

下面这个例子，来自中学生的政治书：

货币具有**价值**尺度、**流通**手段、**贮藏**手段、**支付**手段和**世界**货币五种基本职能。

我们可以设想一下货币使用的场景：自己拿着一沓钞票（钞票代表"货币"），到一家你经常去的水果店，发现苹果的价格牌上写的是1斤6元（价格衡量物品的价值，代表"价值尺度"）。你买了2斤，付钱给老板，货币从你的手里流通到了老板手里（这是流通手段）。月底老板要支付员工工资、房租等（支付手段）；员工将工资攒起来，存入储蓄卡中，以便在需要的时候再用（这是货币的贮藏手段）。在放长假的时候，出国旅游消费，在银行或ATM机里兑换外币（这是世界货币的职能）。通过这个例子，既能够很好地理解这些抽象的概念，也能够很准确、清晰地记住每条信息的内容。

第3把钥匙：谐音

谐音的运用非常广泛。小品节目、单词记忆、学习交流和生活玩笑中，经常会用到谐音。直接看一个典型例子：

东盟十国

老挝　马来西亚　新加坡　菲律宾　越南

泰国 柬埔寨 印度尼西亚 文莱 缅甸

这些国家的名称我们都已经耳熟能详，记忆的难点主要在于把这些国家记全、记准确。首先可以用替换的方法，从国家的名称中提取一个字（通常首选开头的字），即：

老马新菲越

泰柬印文缅

接下来，对这十个字进行谐音组词造句，将其变成一句通顺好记的话：

老马，新，飞跃（老马重新飞跃）

太监，英文，面（太监英文面试）

下面精选了三个谐音的小例子。进一步体验谐音在记忆方面的威力！

例子	谐音	联想
有着"台湾暴雨中心"之称，全台降雨量最多的地方是：火烧寮（liáo）	火烧寮，谐音：火烧了	火烧了，赶快降雨吧
向汉武帝建议施行推恩令削减诸侯势力的大臣是：主父偃（yǎn）	主父偃，谐音：嘱咐严	嘱咐严格施行推恩令

续表

例子	谐音	联想
《桃花扇》讲述了李香君和哪位明末才子的故事：侯方域	侯方域，谐音：后方与	拿着桃花扇，在后方与你（李香君）相聚

第三节 锁链记忆法，搞定零散易漏的知识点

在中小学学习过程中，需要记忆和掌握的知识点超过10000条，这是非常艰巨的记忆任务，让大家感到很焦虑、很烦躁。很多同学渴望掌握高效的记忆方法，你是不是也有这样的想法呢？

从这一节开始，连续六节，我将传授给你六种高效的记忆方法，大幅提升你的学习效率。前面的三种方法，包括锁链记忆法、情景故事法和记忆宫殿法，主要基于右脑的特点，发挥图景思维的记忆效果；后面的三种方法，主要基于左脑的特点，分别从时间逻辑、空间逻辑和关系逻辑三个方面体现逻辑思维的记忆效果。本节内容将会讲解"锁链记忆法"，重点帮助你解决那些零散易漏的知识点的记忆问题。

一、什么是锁链记忆法？

如果你熟悉《三国演义》中的赤壁之战，你就知道，曹操的军队将战船首尾相连，锁紧，防止战船漂移晃动。锁链记忆法，就是把知识像战船那样连接起来，一个连着一个，从而在零散的多个知识点之间建立一条记

忆的线索。我们再通过一个例子来看看锁链记忆法到底是怎么回事。

在语文课上，有一种经常需要记忆的信息，就是作家作品。老舍被称为"人民艺术家"，代表作品有：《骆驼祥子》《四世同堂》《龙须沟》《茶馆》《猫城记》《我这一辈子》。一个作家，加上6部作品，需要记忆的信息一共有7个。看起来并不是很难记，如果花一些时间死记硬背，也可以记下来。

但如果我们运用锁链记忆法，将这7个信息一个一个地联结起来，大部分人都能在10秒左右就轻松记住。来体验一下吧！现在你可以根据我的描述，想象这样的画面：老舍一家四世同堂，男女老少都骑在骆驼上；骆驼掉进了龙须沟；龙须沟的水流入茶馆；茶馆里有一只猫，猫这一辈子都在茶馆。

好，现在你可以闭上眼睛，回想一下这个画面，尝试把老舍的这6部作品从头按照顺序背出来。是不是发现很容易就记住了？

说到这里，你会不会有一个疑问？虽然记住了，但这是在我的带领下才记住的，如果自己来背的话，完全不知道该怎么把这些知识点联结起来，还是记不住，这可怎么办啊？别着急，授人以鱼不如授人以渔，这一节的重点并不是教你记住这些知识，而是帮助你彻底掌握锁链记忆方法，让你以后自己一个人也能轻松使用。

下面，我们来细致地拆解一下这个方法的要点，弄清楚信息是怎样一个一个地联结起来的。

二、锁链记忆法的核心技巧是：图像和动作

首先，你要注意，我们并没有试图去把每一个字都记住。比如，《骆驼祥子》是一部作品的名字,但是我刚才描述的画面里只有骆驼,而没有祥子,这是用骆驼这个形象的事物,来代替《骆驼祥子》这本书。同样地,后面的《猫城记》,用猫来代替。这样做的好处是,提取那些图像性的信息,可以增强记忆的印象。尽管很容易记忆,但是我曾经遇到一位同学跟我说,如果这样做的话,他害怕自己不能把作品的名字全部准确地记住。我想告诉你的是,这种担心几乎没有必要。比如,当我们记住了"骆驼"两个字,就很容易想起来"骆驼祥子"四个字,所以,不需要过于担心自己没有记准确!

其次,你要注意信息与信息之间的联结方式。比如,老舍一家四世同堂,"**骑**"在骆驼上,骆驼"**掉**"进龙须沟,龙须沟的水"**流入**"茶馆,我强调的这些词,都是动词。也就是说,联结主要用动词,要发生一些动作。具体使用什么动作,可以根据两个信息的特点来做决定。比如,人与骆驼,可以用"骑""牵着"等动作;骆驼与龙须沟,可以用"掉入""跨过""走过"和"跳过"等动作。

最后,有些信息是可以调整顺序的,如作家作品;有些信息不可以调整顺序。举个简单的例子:做手术的步骤,必须是先消毒,再开刀。如果调整顺序,先开刀,再消毒,就会感染伤口,导致医疗事故。对于那些可以调整顺序的知识,如果调整顺序有助于记忆,就可以调整一下。就像上面那个例子,《四世同堂》本来是排列在第二位,在记忆的时候,我把它放在了第一位,就是考虑到调整顺序会更方便记忆。

下面学习一个地理知识的记忆案例:

亚马孙河流域分布着世界上面积最大的热带雨林,该热带雨林因具有巨大的环境效益，其开发与保护一直备受世界关注。该雨林巨大的环境效益主要有：

① 调节全球气候；

② 为全球提供新鲜空气；

③ 涵养水源，保护淡水资源；

④ 保护土壤，防止土壤侵蚀；

⑤ 提供良好的生物生存环境，维护生物多样性。

第一步，提取关键词（参考加粗字体）。

① **调节**全球**气候**；

② 为全球提供新鲜**空气**；

③ 涵养**水**源，保护淡水资源；

④ 保护**土壤**，防止土壤侵蚀；

⑤ 提供良好的生物生存环境，维护**生物**多样性。

第二步，联结关键词。 热带雨林，像是地球的大空调；空调吹拂着水土上的生物（局部顺序有调整）。

简答题基本上可以参照这样的示例来快速记忆：先提取关键词（关键词很抽象的时候，可以运用信息转换的3把钥匙），再把关键词联结起来即可。

第四节 情景故事法,让文字变成好看的短视频

一、什么是情景故事法?

我们先来感受一首美妙的诗歌。

山村咏怀

[宋]邵雍

一去二三里,烟村四五家。

亭台六七座,八九十枝花。

这首诗歌描绘了乡村的路、人家、亭台和鲜花,有很强的情景画面。情景故事法就是把要记忆的文字信息,转化为情景故事,像短视频那样生动形象,从而方便大脑快速记忆。你可以直接还原文字本身描绘的情景,也可以利用想象力创造出一定的情景。下面结合具体例子来体验一下。

第一个例子是中学历史书中的一个考点:

半坡氏族时期的社会生活情况

①普遍使用磨制石器,使用磨制石器的时代叫新石器时代,他们还使用弓箭。

②原始农业已有发展,种植粮食作物粟。我国是最早种植粟的国家,已学会养猪狗鸡牛羊。

③已使用陶器。

④已学会建造房屋，过着定居的生活，已形成村落。

读完这个考点，你的脑海里是不是有了一些画面？这就是典型的具有情景故事特点的信息。为了方便讲解，我们绘制了一个情景：半坡氏族时期，人们生活在一个半山坡上。

第①句的关键信息是磨制石器、弓箭。我们设想在山顶有一个石磨（代表磨制石器），石磨上挂着一个弓箭。

第②句的关键信息是粮食作物"粟"，还有"猪狗鸡牛羊"，这是一群牲畜家禽。设想在山坡的中部，也就是山腰的位置，长着一片树林（粟，谐音树），林子里有猪狗鸡牛羊。

第③句的关键信息是陶器，非常简单，和第四句的关键信息放在一起记忆，也就是房屋、村落都坐落在山脚下。房屋的门前有陶器，多个房屋组合在一起就是一个村落。

读到这里，你有没有发现历史不再那么遥远，历史也不是枯燥的文字记录，而是变得鲜活，仿佛就在眼前了？现在请你跟我再从总体上来看看，这个半山坡是不是一个很有图像感的情景？这个情景还带有强烈的逻辑性，就是从山顶到山腰，再到山脚下，顺序非常清晰。这三个部位，都有对应的情景，而这些情景都来自这个历史考点本身，我们只是把它提炼一下，把情景还原出来，把逻辑顺序理一理，这样就会让记忆变得深刻，而且记得很全面，没有遗漏任何重点信息。

到这里，有读者可能会问了：我们的课本中，并不是所有的信息都有情景性，那些没有情景的信息，是不是也可以用这种方法记忆呢？当然可以，因为我们的大脑有丰富的想象力和创造力，没有情景的时候，我们可以创造出一个情景故事。那就再来看看第二个例子吧，这是一个政治书上的考点。

我国非公有制经济的作用

①促进经济增长；

②繁荣市场；

③方便人民生活；

④解决就业。

这个信息并没有显著的情景特征，但是我们可以创造出一个情景故事来。题目中最有情景性的内容是第3条，关于人民生活的。题目还和市场有关系。因此，我们可以创造出这样的场景来：在你家小区附近，有一个大商场，商场大多不是国有企业，而是民营企业，属于非公有制经济。它在小区附近，人们很容易就能到达。想象在商场外面，有很多居民正在朝商场走去，这"**方便了人民的生活**"（这是第③条的内容）。因为方便，所以商场里的人很多，大家买了很多东西，代表"**市场繁荣**"（这是第②条的内容）。在商场出口，有很多收银员，商场招聘收银员，帮她们"**解决就业**"（这是第④条的内容）。收银员收了很多钱，收入增长了，代表"**经济增长**"（这是第①条的内容）。

在这个例子中，你有没有感觉到，就算是抽象的知识，也可以变成有情景的、形象的故事？故事里还有逻辑顺序，比如商场外的居民走向商场，商场里很多人买东西，买完后去结账，结账后汇总销售额。这就是一个按时间的先后顺序发生的情景故事，既满足了左脑的逻辑思维，又满足了右脑的图景思维，所以就会记得牢、记得快。

二、情景故事法的核心技巧是：情景、故事情节

到目前为止，我已经讲述了两个例子。现在我们来总结一下情景故事法的核心技巧，那就是要有强烈的情景画面，或者有故事情节。情景画面是很容易理解的，主要是自然风景或物品与建筑等，有鲜明的图像感。根据那些情景性很强的信息，我们很容易想象出来，或者画出来这样的情景画面。故事情节主要是与人物有关的事件。在记忆那些情景性不强的信息时，需要创造一定的故事情节。

有读者在具体应用的时候，觉得自己创造不出来故事情节，在这里告诉你一个秘诀，让你一下子就能顺利地发挥创造性。这个秘诀就是：用人物作为开头。我们回忆一下上面那个例子，"非公有制经济的作用"，我们是怎么开头的呢？是用"商场附近的人们"开头的，人们走进商场，商场里有很多人，收银员在工作……在这个故事情节里，开头有人物，中间也

有人物。我们在具体应用时，至少开头要有人物，故事情节就很容易创造出来。

最后，请你跟我一起梳理一下情景故事法的运用步骤。我会结合语文书中经常要背诵的诗歌来讲解。中学阶段的诗歌，很大一部分是情景性很强的，里面有各种意象，描写景物或者借景抒情。下面我们看一个例子，带你体验一下情景故事法在诗歌记忆中的运用过程，希望讲完之后，你能举一反三，将这种方法运用到其他诗歌的记忆中。我们选取了三国时曹操的《观沧海》。

观沧海

曹　操

东临碣石，以观沧海。

水何澹澹，山岛竦峙。

树木丛生，百草丰茂。

秋风萧瑟，洪波涌起。

日月之行，若出其中；

星汉灿烂，若出其里。

幸甚至哉，歌以咏志。

第一步，根据信息的特点，从总体上构建一个大情景。这首诗歌描述的是在海边观赏海景的情景。有了这个大场景作为基础，再在里面添加一些细节即可。这些细节，来自后面句子中的意象。

第二步，选取每一句的关键信息。前面我们讲过，关键信息的选取技巧是：形象的词、动词或开头的词。每一句通常选取1～2个关键词，特殊情况下可以多选一些。这首诗歌从第一句到第六句，我们分别选取的关键词，就是这些字体加粗的词语，它们几乎全是形象的词。

①东临**碣石**，以观沧海。

②**水**何**澹澹**，**山岛**竦峙。

③**树木**丛生，**百草**丰茂。

④**秋风**萧瑟，**洪波**涌起。

⑤**日月**之行，若出其中；

⑥**星汉**灿烂，若出其里。

⑦辛甚至哉，歌以咏志。

第三步，根据这些关键词，我们在大情景中，对事物进行一定的细化。具体情况可以看这个简图：

岸边是一块大石头，下面是海；水波荡漾，远处有一座岛；岛上长着树木和草；草丛里吹出秋风，把水面吹起了洪波；更远处，有日月，还

有星汉。最后一句是曹操诗歌的常用结束语,他的很多诗歌都用这一句结尾。这就是情景记忆法的三个步骤。三步完成以后,你对诗歌的内容就非常熟悉了,后期多复习巩固,就能滚瓜烂熟啦!

第五节　记忆宫殿法,如此神奇

一、什么是记忆宫殿法?

记忆宫殿法是几乎所有记忆高手都擅长的方法。在世界记忆锦标赛上,诞生了很多世界记忆纪录,都是运用这种记忆方法创造出来的。它的特点是,记得快并且记得牢,记完之后不容易忘记。你是不是很期待这种方法呢?

记忆宫殿法就是先构建出固定、有序的位置,再将信息与位置联结起来。就像图书馆,先把书架按顺序固定好,再把书分门别类地放在对应的书架上。先通过一个记忆宫殿法的例子让你感受一下!只要你认真读完这个例子,你就能够清晰地理解记忆宫殿法了,然后我带你去更好地运用这种方法。

这个例子与大脑的保健有关系。中学生平时学习,会高强度地使用大脑,为了让大脑处于健康、高效的状态,我们有必要了解一些日常饮食中的健脑食物。这份清单上的十大健脑食物,是世界记忆总冠军王峰推荐的!

①核桃 ⑥大豆

②木耳 ⑦南瓜

③鸡蛋 ⑧牛奶

④胡萝卜 ⑨小米

⑤玉米 ⑩鱼

这份健脑食物清单，可以运用身体部位来辅助记忆。一共有两个步骤。

第一步，在自己的身体上，按顺序寻找十个部位。当我提到一个部位的时候，请你用手摸一摸，或者指一指这个部位。第一个，头顶，请你摸摸自己的头顶；第二个，耳朵，轻轻捏一捏自己的耳朵；第三个，眼睛；第四个，鼻子；第五个，嘴巴。这五个部位总体上是从上到下的顺序。快速复习一下：第一个是头顶，第二个是耳朵，之后是眼睛、鼻子、嘴巴。

第六个，脖子，摸摸自己的脖子；第七个，肩膀，拍一拍肩膀；第八个，肚子，摸摸自己的肚子；第九个，腿，拍拍自己的腿；第十个，脚，这个部位就不要摸了！快速复习一下：第六个是脖子，第七个是肩膀，第八个是肚子，第九个是腿，第十个是脚。

第二步，将十种食物与我们刚才寻找的十个身体部位，相互联系起来。

第一个，核桃与头顶。它们可以怎么联系呢？核桃的外形圆圆的，像脑袋，里面的核桃仁，也有点像大脑。这是从相似性方面联系的。第二个，木耳与耳朵。这两个词语都有"耳"这个字。夸张一点，想象你的耳朵里长出一朵木耳，软软的、嫩嫩的。第三个，鸡蛋与眼睛。鸡蛋和眼睛的形状也有相似之处。也可以想象，你照着镜子，看到自己的眼睛慢慢变得像鸡蛋那么大。第四个，胡萝卜与鼻子。胡萝卜是尖尖的形状，刚好可以插到鼻孔里。第五个，玉米与嘴巴。玉米粒与嘴巴里的牙齿很相似，也可以想象把玉米棒塞到嘴巴里。到这里，我们简要回顾一下前面五种食物：头顶上是核桃，耳朵里是木耳，眼睛这里是鸡蛋，鼻子里是胡萝卜，嘴巴里是玉米。

再看后面的：第六个，大豆与脖子。脖子上经常挂项链，比如金项链、珍珠项链等，这次挂的是"大豆"项链，饿的时候，还可以吃掉它。第七个，南瓜与肩膀。南瓜很重，扛在肩膀上，左右肩膀各扛一个。有的人喜欢绿色的嫩南瓜，有的人喜欢黄色的老南瓜，你可以用你喜欢的南瓜与肩膀建立联系。第八个，牛奶与肚子。可以想象牛奶喝到肚子里了，或者想象牛奶洒到肚子上了，白白的牛奶顺着肚皮向下流。第九个，小米与腿。可以想象用小米手机拍照，把你的腿拍得又直又长。也可以想象谷子苗长高了，长得和你的腿一样长。第十个，鱼和脚。想象你在池塘里，踩到了一条鱼。或者你的鞋子就是鱼的形状。

现在考核你是否记住了这十种健脑食物。从头顶开始，请将各个身体部位对应的食物填写在横线上：

头顶 _____　　耳朵 _____　　眼睛 _____　　鼻子 _____

嘴巴 _____　　脖子 _____　　肩膀 _____　　肚子 _____

腿 _____　　脚 _____

看看自己答对了几个呢？我猜你能够按顺序把十种健脑食物都记忆下来。但是呀，我想对你提高一点要求。有一个形容记忆力好的成语，叫作

"倒背如流",现在我让你倒着背,看看你是不是也能背出来呢?如果能够顺利地倒背出来,请在下面的横线上填上"yes"!

倒背如流:_____

二、记忆宫殿法的核心技巧是:顺序、位置和联结

记忆宫殿法最初起源于古希腊。据说一个叫西摩尼德斯的诗人,去宫殿参加一个宴会,他在台上为大家吟诵了一首诗,然后就被叫到门外了。突然宫殿倒塌,里面的人血肉模糊,家属无法辨认。诗人通过回忆,想起来每个方位上的人分别是谁,最后帮助家属找到了亲人。

这件事对记忆方法产生了巨大的启发。具体来说就是:构建固定、有序的位置,将信息与位置联结起来,这就能帮我们快速、准确地记忆。就像在我们的身体上,按顺序找了10个部位,把我们要记忆的信息,与这些部位建立联结就可以了。为了增进理解,我们再看一张图片。在这张户外公园的图中,有12个数字序号,分别对应着12个位置。数字的分布总体上是逆时针的顺序。

健脑食物,也可以通过这些空间位置来记忆。其实,记忆宫殿不只是身体部位,也可以是房间里的位置,或户外的校园、公园和广场等。它可以是有顺序的万事万物,包括有顺序的数字、人物和语言等。

下面我将告诉你,如何创建更多的记忆宫殿。这里有四个基本要求,概括为四个字,那就是:大、路、通、明。它们的含义分别是:

大:大小适中,各个位置的尺寸为0.2~2m比较好,但也不绝对如此。

路:常用的路线顺序是顺时针、逆时针。

通:相同的东西,在同一个宫殿中只用一次。比如,在客厅有多个沙发,我们通常只选用一个。

明:在光线明亮的地方寻找。如果在黑暗的地方找,印象是黑的、模糊的,对记忆是不利的。

为了进一步让你学会记忆宫殿的使用方法,下面再结合一个例子:十二星座。星座是中学生喜欢聊起的话题,不过大部分中学生并没有完全记住这些星座的名称、日期。运用记忆宫殿法,不仅可以记住星座的基本信息,如果更进一步,还可以继续记忆每一个星座的特点。星座的名称和起止日期如下表:

顺序	星座	起止日期
1	水瓶座	1月20日~2月18日
2	双鱼座	2月19日~3月20日
3	白羊座	3月21日~4月19日
4	金牛座	4月20日~5月20日
5	双子座	5月21日~6月21日
6	巨蟹座	6月22日~7月22日

续表

顺序	星座	起止日期
7	狮子座	7月23日～8月22日
8	处女座	8月23日～9月22日
9	天秤座	9月23日～10月23日
10	天蝎座	10月24日～11月22日
11	射手座	11月23日～12月21日
12	摩羯座	12月22日～1月19日

我们使用前面那张公园里的地点桩，记忆十二星座的名称及星座的开始日期。记忆思路：图片上共有12个地点桩，每个地点桩上放置1个星座及开始日期。因为这些星座开始的月份，从1月到12月，刚好与地点的序号一致，因此月份就不需要记忆，只需记忆开始的日期即可。星座结束的日期，可以根据下一个星座开始的日期倒推。星座的日期是数字，会用到数字编码。我将数字编码附录在本书后面，你可以向后翻看查找。

记忆方法如下：

顺序	位置	联结
1	摩天轮	水瓶砸在自行车（20）的轮子上，轮子如摩天轮那么大。或者：水瓶砸倒自行车，自行车倒在摩天轮上
2	红屋顶	用衣钩（19）将两条鱼（双鱼）挂在屋顶上
3	白护栏	白羊用羊角把鳄鱼（21）顶到护栏的缝隙中
4	树干	金牛拴在树干上，踩坏了树下的自行车（20）
5	草地	鳄鱼（21）带着双生子（双子）在草地上晒太阳
6	水池	水池中一只巨蟹，用蟹钳夹住了双胞胎（22）
7	花坛	狮子把和尚（23）扑倒在花坛里。或者：花坛里的和尚在练狮吼功

续表

顺序	位置	联结
8	树杈	处女骑在树杈上,踩和尚(23)的光头
9	粉色旗	和尚(23)踩着天平(天秤)撕扯粉色旗
10	铁塔	蝎子爬上铁塔安装闹钟(24)
11	建筑外墙	射手射中了外墙上的和尚(23)
12	建筑房顶	模特姐姐(摩羯)带着双胞胎(22)在房顶走猫步

第四章
3 种逻辑，让记忆力升华
CHAPTER 4

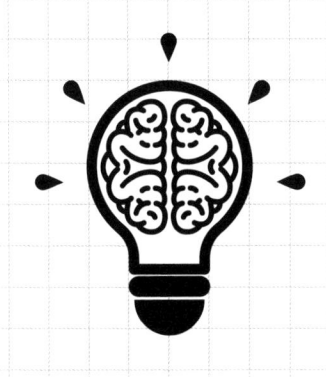

你或许听说过，记忆力好的人，善于理解式记忆。把知识理解透彻，自然就记住了。这种记忆方式，当然是很棒的！这里我总结了一句话：

理解有助于记忆，记忆有助于理解！

理解与记忆，是相互促进的，甚至有时候也不存在明显的分界线。在幼儿阶段或小学阶段，人的理解能力还不是很强，可以更加注重记忆训练，多背诵一些知识。当记忆的东西多了，记忆的能力变强了，理解能力也会随之提升。有些同学在小学阶段害怕数学应用题，总是做不出来或做错。其中一个重要原因就是，不理解题意。这或许与小时候背书偏少有关系！

到了中学阶段，理解能力大幅提升。但是学习的态度、专注力的保持，与小学阶段相比，可能并没有显著提升，甚至反而变得更弱一些。在中学阶段，要记忆的内容显著增多，学生们更不喜欢背书了。

其实，你可以充分利用中学阶段的理解力来促进记忆。经过深入思考、反复实践，本书总结了3种最常用、最实用的逻辑类记忆方法，分别是时间逻辑、空间逻辑和关系逻辑。每一种，在后面的章节都有详细阐述。

掌握这几种逻辑记忆方法之后，你将会形成比较完整的"理解式记

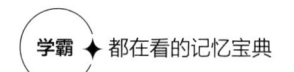

忆"的套路，这些套路会让你清晰地知道，针对长篇课文，针对各种长难的问答题，你可以从哪些角度来理解，然后形成一条紧密的逻辑链条，环环相扣，确保逻辑思维的缜密和细致，让你对知识的记忆更深刻、更全面、更准确！

第一节　时间逻辑记忆法，最简单的记叙线索

什么是时间逻辑呢？它就像是记叙文中的顺叙或者倒叙，按照事件发生时间的先后顺序来展开。很多经典的著作、宏篇的历史典籍，以及知识的编排册子，都会用到时间逻辑。当我们记忆知识点的时候，如果厘清了内在的时间顺序，就能形成一条记忆的逻辑链条，从而快速记住。这就是时间逻辑记忆法。接下来看一个例子：

日本在东南亚、中国等地投资建厂的目的

①可以利用当地的自然资源，节约成本；

②减少了对本国的环境污染；

③减少了对本国的交通压力；

④可以利用当地的廉价劳动力。

这种问答题，在升入中学阶段后，经常会遇到。如果我们能够掌握这一类问答题的记忆方法，不仅可以在1分钟左右的时间里快速记住一个问

答题，还可以举一反三，快速记住其他问答题。有些学员甚至可以在课堂上就把所有的问答题全部记住，学习效率得到大幅提高。

知道了方法的好处，接下来就要学会时间逻辑记忆法的具体运用！在记忆之前，首先简要了解一点背景知识。日本是发达国家，科学技术非常先进。但是日本是一个海岛国家，面积小、资源匮乏，缺乏很多种原材料。如果工厂把其他国家的资源运到日本，再把产品运到国外去卖，过程很复杂，成本高，交通压力也大。所以，日本就大规模地在东南亚、中国等地投资建造工厂。这样做的目的和好处主要是题目中给出的四条。

如果我们从工厂开工生产的时间顺序来看，通常有以下四个环节：

环节一：购买资源，如煤炭、铁矿等；

环节二：把资源运到厂里；

环节三：工厂里的工人利用资源生产商品；

环节四：把废水、废气排放出去。

这四个环节形成的时间链条，恰好对应着题目中的四条目的。具体来说，环节一对应第①条，利用当地资源。环节二对应第③条，交通运输。在当地运输，减少了国内的交通压力。环节三对应第④条，工厂里的工人。东南亚、中国的劳动力价格比日本国内低廉很多。环节四对应第②条，在当地排放废水、废气，就减少了国内的环境污染。

总体来看，如果我们按照①③④②的顺序来记忆，就会符合时间逻辑，所以根据工厂生产的时间环节，来分别记住这四条内容。

有的读者可能会有疑问了：打乱顺序以后，就和书上的答案不一致了，改卷老师会不会扣分？对于这道题来说，这种担心是完全没有必要的。因为这种陈述性、说明性的知识，打乱顺序也不影响内容完整性和准确性。此外，有一类知识的确是不能打乱顺序的，比如实验的操作步骤、医生做手术的过程等，必须严格按照规范的要求，一步一步按原来的顺序记忆。

所以，如果你判断打乱顺序不影响知识的完整性和准确性，不会造成安全事故，就不要害怕调整顺序。特别是，当调整顺序以后，能够显著地降低记忆的难度，显著地提高记忆的速度，那么你就可以大胆地调整顺序。

时间逻辑记忆法的核心技巧，就是找出每句话、每一条信息的时间先后顺序，形成一个**完整的时间链条**。这个链条有多少个环节，通常取决于信息的数量。比如，一道问答题有5条信息，或者一篇短文有5句话，就可以形成由5个环节组成的时间链条。

刚才那个例子是关于地理科目的。但这并不是说，时间逻辑记忆法只适用于地理知识的记忆。它其实还可以运用到其他科目中。现在我们再来试试历史科目的问答题。

专制主义中央集权制度的积极作用及影响

①有利于巩固多民族国家统一；

②有利于抵抗外来侵略，维护国家领土完整；

③有利于封建文化交流与发展；

④能有效地组织人力、物力、财力，组织大规模的经济建设和生产活动，有利于社会经济发展；

⑤有利于民族大融合，有利于各地各民族经济、文化的交流与发展。

根据题目的信息，我们能够联想到一个朝代或国家建立和兴起的过程。参照这道问答题中的5条信息，可以构建下面这样的时间链条：

环节一：解决外来问题，赶走外国侵略者，让国家领土完整；

环节二：让内部统一，让社会稳定下来，让国家内部各地区各民族团结；

环节三：当国家内部统一、稳定下来的时候，就可以开展大规模的经济建设了；

环节四：在经济建设过程中，不同地区商品交易频繁，这会带动文化交流和发展；

环节五：当经济得到发展，文化也形成大规模交流的时候，各民族就开始融合；融合的过程中，会带动经济、文化等方面的进一步发展。

五个环节分别对应第②、①、④、③、⑤条。所以按照这一顺序调整记忆的顺序，形成一个言之有理的时间逻辑链条。依照这个链条，就可以很容易地把这个问答题的5条信息依次记住。

最后，我带你梳理一下时间逻辑记忆法的运用步骤！

第一步，初步排序。 有时候，时间逻辑非常明显，可以很快、很清晰地发现，有时候却不那么明显。如果有一部分信息的时间逻辑不明显，这时，可以先从总体上判断每一条信息的时间发生顺序，把那些时间顺序非常明显的信息，先进行初步的排序。就像上面那道历史问答题中，经济的发展通常排在国家统一之后，而国家统一又分为两个阶段——先抵抗外国的侵略，再开展国家内部统一的工作。

第二步，优化排序，形成完整时间逻辑链条。 简单的题目，通常很快就可以排好或调整好顺序；比较复杂的题目，初步排序后，重点思考那些时间逻辑还不明显的信息，分析它们可以安插在初步顺序中的哪个环节，最后才能形成完整、言之有理的时间逻辑链条。

第三步，根据时间逻辑链条，尝试复述原文内容。 对于语言表达能力不太好的同学来说，可能会遇到这样一个问题，那就是：知道时间逻辑链条，但是复述不出来具体的内容，总是卡壳，不能把每一条信息说完整。其实这个问题非常容易解决，你多练习几次，复述的能力就会变强。也可以在不改变原文大意的前提下，用自己的话表述出来，因为问答题不必一字一句地完全依照原文去记忆。当你经常复述，经常做这样的练习，你的表达能力可以在短时间内得到大幅提高，也就是口才变好了！这是训练记忆能力之外的收获！

为了检验你对本节内容的理解程度，我为你精选了一个小小的练习材料。请你运用时间逻辑记忆法，分析下面这道题目的时间逻辑链！这道题目有三个关键词：选举、决策和监督。请你将它们的时间顺序梳理清楚，言之有理即可！

公民行使民主权利的方式

①民主选举是人民实现民主权利的一种重要形式；

②民主决策是保障人民利益得到充分实现的有效方式；

③民主监督是公民参与民主生活、行使公民监督权的具体体现。

第二节　空间逻辑记忆法，优胜劣汰的法宝

你或许无法想象，在人类早期，生活在原始森林中的人们，特别是居住在山洞中的人们，为了锻炼自己的空间逻辑记忆能力，竟然付出了生命的代价！外出打猎后，需要及时返回山洞，如果在天黑之前还没有回到山洞，夜间的低温很可能会让人生病。在那个医学不发达的时代，一场小病也有很高的致死率。如果在返回山洞的路上，因为没有记住返回的路线，在森林里迷路了，可能会葬身在毒虫猛兽的肚子里。记住森林里的路线，就是记住空间的顺序。那些空间记忆能力不好的人，很容易就被大自然无情地淘汰了！只有空间逻辑能力强的先辈们得以生存，并繁衍后代，将这种优良的基因传递到我们身上！

前面我们已经学习了记忆宫殿法。记忆宫殿的构建，在路线上的要求通常是：顺时针、逆时针或S形。常用的空间顺序除了这几种，还有从上到下、从远到近、从左到右、从外到内，以及从整体到局部等，方向反过来也是可以的。空间逻辑记忆法就是把需要记忆的形象化信息，按照常用的空间顺序重新布局。这既符合右脑的图景思维，也符合左脑的逻辑思维。下面我结合具体的例子来给你详细讲解。首先看一首诗歌：

江　南

①江南可采莲，②莲叶何田田。③鱼戏莲叶间。

④鱼戏莲叶东，⑤鱼戏莲叶西，

⑥鱼戏莲叶南，⑦鱼戏莲叶北。

这首诗歌非常好理解，讲述了江南荷塘里的莲叶以及水中的鱼。这种轻快活泼的场景，令人神往。"莲叶何田田"，"田田"形容重重叠叠的样子，就像田字格那样，一个格子连着一个格子，密密麻麻，形容莲叶很茂盛。

从"鱼戏莲叶间"开始，都在写鱼在莲叶周围嬉戏、跳跃、游动。从中间方位开始，后面紧接着的是东、西、南、北，共5个空间方位，顺序非常明显。这种空间逻辑一旦被发现，记忆就变得非常容易。

可是，我们所要记忆的信息，都像《江南》这首诗歌这样有逻辑性吗？显然不是。那该怎么办呢？这就回归到空间逻辑记忆法的核心技巧了。掌握这个核心技巧，你就能够不再依赖信息表面上的逻辑顺序了。

空间逻辑记忆法的核心技巧是：空间顺序！为每句话或每一条信息设定空间先后顺序。

现在我们再来看一个生物科目的例子：

哺乳动物的特征

①体表被毛；

②牙齿出现分化；

③体腔内有膈；

④用肺呼吸；

⑤心脏四腔（包括左心房、左心室、右心房、右心室）；

⑥体温恒定；

⑦头脑发达；

⑧生殖方式为胎生与哺乳；

根据题目的信息，我们发现这些特征大多是描述哺乳动物的身体部位的。我们可以选一个哺乳动物，比如兔子，然后用兔子的身体部位来帮助我们记忆。

第①条，体表被毛。我们可以用兔子的后背这个部位来理解记忆，后背代表体表，上面还有毛。

第②条，牙齿出现分化。牙齿对应的部位是嘴巴。

第③条，体腔内有膈。兔子的膈在身体中间。膈是指胸腔和腹腔之间的膜状肌肉。

第④条，用肺呼吸。肺在体内，不容易看到，但是我们可以重点考虑"呼吸"这个关键信息。呼吸的入口是鼻子，气流从鼻子进入肺部，所以第四条信息可以与鼻子这个部位建立联系。

第⑤条，心脏四腔。心脏也在体内，不容易看到，但根据日常经验，我们知道心脏在左胸部，也就是在上肢左半边附近。另外，兔子有四条腿，所以，用腿的数量代替心脏的四个腔，在数量上有一定的联系。

第⑥条，体温恒定。在这里，老师要问一个问题：动物的体温是怎么测量的？你知道吗？当我说出答案的时候，你可能会觉得很奇怪，因为给动物测体温，是把温度计插入动物的肛门里，过几分钟再取出来。所以，体温可以对应屁股这个部位。

第⑦条，头脑发达。直接对应头部就可以了。

第⑧条，生殖方式为胎生与哺乳。可以对应动物的生殖器官，或者乳房。

到目前为止，你可能又会有疑问了：就算我都对应好了，每一个都有很强的画面感，但是，感觉很乱啊！还是不好记啊！

你说得非常有道理！这就涉及接下来的空间逻辑记忆法的运用步骤了。这与我们上一节所学的时间逻辑记忆法的步骤类似。

第一步，初步排序。把信息对应的所有部位，按照从上到下、从左到右或顺时针、逆时针等常用的空间方位顺序，进行初步的排序。在此以哺乳动物"兔子"为例，从上到下、从前往后来看，顺序依次为：头、鼻子、嘴巴、背部的体表、胸部的心脏、腹部内的体腔、腹部下面的乳房、屁股。这个顺序很有逻辑，一遍就可以清晰地记住。

第二步，调整顺序。根据身体部位的上下顺序，我们对8条特征的顺序进行调整，调整完以后，逻辑非常清晰：头脑发达，对应着头部；用肺呼吸，对应着鼻子；牙齿出现分化，对应着嘴巴；体表被毛，对应着背部的体表；心脏四腔，对应着心脏；体腔内有膈，对应着腹部内的体腔；生殖方式为胎生和哺乳，对应着乳房；体温恒定，对应着屁股。

第三步，根据空间逻辑，尝试复述原文内容。比如，在头部，对应的信息是头脑发达；在鼻子这个部位，对应的信息是用肺呼吸；下一个部位是嘴巴，对应的是牙齿出现分化；后背对应的是体表被毛；心脏对应的是心脏四腔；体腔对应的是体腔内有膈；乳房对应的是胎生和哺乳；屁股对应的是体温恒定。

这就是空间逻辑记忆法的三个步骤。三步完成以后，你就可以很好地记住各条信息了。空间逻辑记忆法，与记忆宫殿法和情景故事法有一些相似之处——它们都有很强的图像感，令大脑印象深刻。但它们也有差别和各自的特点。

为了让你更好地区分这些方法，我来给你梳理一下它们的特点和区别：

记忆方法	特点
记忆宫殿法	需要你事先构建好自己的记忆宫殿,然后将所要记忆的信息,存放在这些记忆宫殿中。记忆宫殿也讲究空间顺序
空间逻辑记忆法	不需要事先准备记忆的工具,更加方便快捷。你只需要根据信息本身在空间方位上的分布特点,重新排序,调整优化,形成新的有逻辑的顺序。它的局限在于,只有当信息本身有一定的空间顺序时,才能更好地运用这种方法。那些抽象的信息、推理性的信息,就不适合用这种方法
情景故事法	要求信息本身是形象生动、有故事情节的。信息通常比较简单,信息量不大,直接进行情景还原即可,对逻辑的要求不高

当然,这三种方法,没有绝对的分界线。在具体运用的时候,也不必纠结于自己用的到底是哪一种方法,只需要重点关注记忆的效果就可以了。

最后给你精选了一个小案例,运用本节内容,分析一下它的空间逻辑顺序吧:

鱼的主要特征

①生活在水中;

②体表常有鳞片覆盖;

③用鳃呼吸;

④通过尾部和躯干部的摆动以及鳍的协调作用游泳。

第三节　关系逻辑记忆法，人类的特异功能

前面两节讲述的时间逻辑记忆法和空间逻辑记忆法，相对比较简单。你只要刻意地从时间或空间的角度去思考，就容易找到逻辑链。甚至在某些动物身上，也会表现出通过时间或空间来记忆的能力。在人类已经创造出来的或需要继续探索的知识或信息中，有些内容非常复杂，它们并不是按照时间逻辑或空间逻辑来编排、编写，比如哲学规律、科学理论等，这时会用到一种新的逻辑形式：关系逻辑！几乎可以断定，在太阳系的范围内，只有人类才能深刻把握关系逻辑，其他任何生命的思维模式，都很难达到这样的高度！因此，关系逻辑记忆法，也可以算作人类的特异功能！

关系逻辑记忆法，主要有三种关系类型：因果关系、质变或量变的过程或序列、发散或聚合。因果关系，在理科公式、定理推导等方面运用较多。在学理科知识的时候，越是复杂的公式和定理，越要注重推导过程，因为复杂通常是由简单演变而来的。你可以认真听老师讲课，看老师是怎么推导的，或者自己独立地体验推导过程，这会显著地增加你对公式和定理的记忆。由于本书侧重于中学生文科知识的记忆，因此就没有以理科的公式或定理具体示例。下面选取三个例子，详细阐述3种关系逻辑的实战运用过程。

一、因果关系

奴隶社会的发展状况

奴隶社会代替原始社会后，金属工具的广泛使用，城市的出现，文字

的发明和应用,脑力劳动和体力劳动的分工等,促进了生产力的发展,使人类摆脱蒙昧野蛮的状态,迈入了文明时代的门槛,这是历史的进步。

以上是教材中的原文。将其简化、整理之后,可以变成以下4条:

①广泛使用金属工具,促进了生产力的发展;
②出现城市,迈入了文明时代的门槛;
③发明和应用文字,使人类摆脱蒙昧野蛮的状态;
④脑力劳动和体力劳动的分工。

这4条内容背后其实蕴含了清晰的逻辑关系,但顺序需要调整为①④③②。

在捕猎方面,金属的刀叉,肯定比木棍更有杀伤力;在耕作方面,金属的锄头等工具,肯定比石头挖土更高效。因此,使用金属工具之后,人的劳动效率提高了,生产力变强了。原本需要2个人干的活儿,使用金属工具后,可能1个人就能干完了。多余的那个人,他就可以不用干体力劳动了,而去专门干脑力劳动,这就导致——

脑力劳动与体力劳动分工。原始社会时,大家一起打猎、采摘,靠口语交流就够用了。当有人专门干脑力劳动时,涉及思考、分析、推理、表达和总结记录等,单纯靠口头交流、靠大脑记忆,已经记不住很多东西了,这就需要——

发明文字、应用文字。文字的发明,需要很多人协商交流、教育传承,这让人类摆脱了蒙昧野蛮。同时,文字的应用,需要制造竹片、泥板等工具，这需要很多人的合作，进而导致——

城市的出现。城市就是人口聚集、交通便利的地方。随着历史的不断发展，进而会产生手工业和商业等。从此，人类迈入了文明时代的门槛。

当然，运用因果关系分析这段内容，尽管加深了对历史的理解，但看起来似乎稍显烦琐。纯粹从记忆角度来说，也可以运用情景故事法进行简便记忆。先提取关键词：金属工具（金属棒）、脑力劳动（用"核桃"代替）、文字（商标名）和城市。

再根据关键词创造故事情景：奴隶们用金属棒打落核桃，装进袋子或箱子，贴上商标名，送到城市去卖！

二、质变或量变的过程或序列

质变或量变，借用了马克思主义辩证唯物主义哲学的概念。事物的变化，总是体现为质变或量变的过程。有些知识、考点，正是描述了一个事物的变化过程或渐变序列，梳理清楚这个过程或序列，就有助于掌握这个知识的总体思路，让记忆变得更有条理。示例：

观 刈 麦

[唐]白居易

①田家少闲月，五月人倍忙。②夜来南风起，小麦覆陇黄。

③妇姑荷箪食，童稚携壶浆，④相随饷田去，丁壮在南冈。

⑤足蒸暑土气，背灼炎天光，⑥力尽不知热，但惜夏日长。

⑦复有贫妇人，抱子在其旁，⑧右手秉遗穗，左臂悬敝筐。

⑨听其相顾言，闻者为悲伤。⑩家田输税尽，拾此充饥肠。

⑪今我何功德，曾不事农桑。⑫吏禄三百石，岁晏有余粮。

⑬念此私自愧，尽日不能忘。

  这是一首叙事诗，因为篇幅很长，所以背诵难度很高。但是仔细分析的话，可以发现作者的逻辑非常清晰。诗歌的语言很浅显易懂，我就不再带你一句一句地理解了。它总体上描写了农民在农历五月（大约是刚放暑假的时候），忍受着炎热的天气收割小麦的场景。具体来说，全诗可以分为四个部分：

  ①~②句，是第一部分，交代了事件的背景：在田家（也就是农村），到了特别忙碌的五月，南风吹来，小麦变黄，成熟了，要尽快收割。如果不尽快收割，可能会被鸟吃掉或被野猪糟蹋了，也可能下一场雨，小麦就出芽或发霉了，甚至还可能被其他人偷偷收割了。你可能觉得这些危险都不会发生，但是在我小的时候，那时生活在农村，亲眼见过或者是听大人们说过类似的事情，在古代就更是如此了。要想规避掉这些风险，就必须抓紧时间。有了这种认识，你就能理解接下来所发生的事情了。

  ③~⑥句，是第二部分，描述了农民家庭收割小麦的场景：妇女们带着食物，儿童带着水壶，一起去田里。因为男人们在那干活，他们是去送饭的。这说明，为了抢收，连回家吃饭的时间都没有。随着镜头拉近，下面就是男人们干活的细节描述了。因为是夏天，地面温度很高，阳光直接晒在身上也很难受。所以，脚被地面的高温蒸着，弯腰干活，后背被毒辣的太阳晒着。这种情况下，人几乎都没有力气了，都感受不到热了，但是仍然要珍惜夏日的时间赶快收割！这是一个正常家庭的劳动，已经显得非

常艰辛了！下面还有更悲惨、更艰难的。

⑦~⑩句，是第三部分，描写了一个贫苦妇女捡麦穗的场景：她把孩子抱在身边，右手拿着田野里遗留下来的麦穗，左手臂上悬挂着破烂的箩筐。她说的话令人悲伤：家里田地收获的粮食，交完税就没有了，只能捡点别人剩下的麦穗充饥。养小孩子是一件非常辛苦的事；干农活也是非常劳累的，健壮的男人都很难吃得消。而这两件最难的事，同时落在一个妇女的身上，可见民间疾苦是有多严重！

⑪~⑬句，是第四部分，这是作者的反思：我有什么功德呢？不干农活，每年有三百石粮食，年末总是有剩余，吃不完。一想到这就愧疚，难以忘怀。这是封建时代的不公平，少数达官显贵不劳而获，而广大的农民却劳而不获。对比一下今天的社会状况，我们真的很幸运，生活在一个美好的时代里。

以上的分析过程，算是把整首诗歌鉴赏了一遍，同时了解了作者情绪的变化过程。现在再来简要地梳理一下逻辑关系：从题目"观刈麦"出发，先交代小麦收割的背景，这个时候，作者的情感状态是客观的、自然的；然后描写了一个正常家庭收割小麦的艰苦情景，作者的情感开始受到感染；后来又看到一个寡妇带孩子捡麦穗的场景，作者的情感达到顶点，感到悲伤和同情；最后是作者自我反思，情感状态变得低沉而愧疚。

这是一条起伏变化的情感曲线：第一部分平缓，第二部分上升，第三部分到达顶点，第四部分下降。这条曲线的四个部分，清晰地勾勒出作者情感的渐变过程，每一部分受到前一部分的影响。

三、发散或聚合

现在再来研读一个发散型的关系逻辑案例。

和平共处五项原则

①互相尊重主权和领土完整;

②互不侵犯;

③互不干涉内政;

④平等互利;

⑤和平共处。

你看完五条原则,第一反应很可能是,它们没什么关系啊!不过,仔细分析,前面三条是关于"和平"的,后面两条是关于"共处"的。也就是说,我们可以把和平共处五项原则,初步发散为"和平"和"共处"两个部分。

关于"和平",最重要的是第一条,互相尊重主权和领土完整!这是因为,关于主权和领土问题,要么互相尊重,要么武力解决。所以,互相尊重是"和平"的关键。

从尊重主权和领土完整出发,具体体现为两点:互不侵犯,互不干涉内政。这就构成了"和平"的3条完整内容。

现在再看"共处"的问题。在和平的前提下,怎么相处对双方最有利呢?那就是双方地位平等,互利互惠。每个国家都有自己擅长的方面,也都有相对薄弱的方面,互利互惠是最好的结果。所以,第4条"平等互利"是共处的最佳方式。第5条,再次总结、重申这个美好的愿望:和平共处!

我把5条内容的关系,梳理为一个框架图,总体体现为发散的关系布局。这就是关系逻辑记忆法中,第三种关系类型的例子。

```
       ┌ 和平 → 互相尊重主权   ┌ 互不侵犯
       │        和领土完整    └ 互不干涉内政
       │
       └ 共处 ┌ 平等互利
              └ 和平共处
```

最后,总结一下关系逻辑记忆法的运用步骤:

第一步,判断关系类型,是因果关系、质变或量变的过程或序列,还是发散或聚合。

第二步,根据不同的类型,梳理出对应关系逻辑链条。 因果关系通常从原因出发,一步一步地导向结果;如果是质变或量变的过程或序列,就把变化的过程或序列理顺;如果是发散或聚合,就把框架图简单地勾画出来。

这就是关系逻辑记忆法的两个步骤。关系一旦厘清,记忆自动完成!下面给你精选了一个案例,运用本节内容中关系逻辑的任何一个种类,梳理以下内容的关系逻辑链条,言之有理即可!

家庭关系的确立

①依照法定条件和法定程序结婚,组成新的家庭;

②因生育导致的血缘关系结合成家庭;

③依照法定条件和法定程序收养而组成家庭;

④随父(母)再婚组建新的家庭。

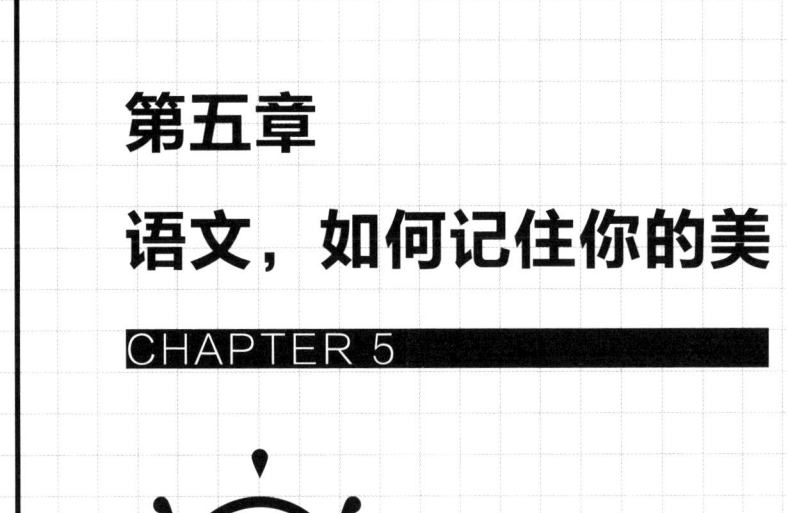

第五章
语文，如何记住你的美
CHAPTER 5

第五章
语文,如何记住你的美

语文是一门非常重要且独特的学科,无论用什么溢美之词来形容,似乎都不为过。语文书的编写,集合了全国最杰出的教育家、思想家、优秀教师和社会各界的智慧,遵照国家教育方针,充分考虑各个年龄段学生的身心发展情况,从古今中外最优秀、最经典的作品中,再次精挑细选、设计和编排,才形成了若干版本的语文教材。可以说,语文书中的美文好诗,是经典中的经典!毕业多年以后,我依然时常翻阅不同年级和版本的语文书,欣赏那些脍炙人口的名篇佳作。

当然,中学生学习语文,不可避免地需要学习和积累基础知识,包括掌握更多的字形、字音、字义,词语或成语等。这些基础知识,很多时候可能并没有什么美感,反而打击了很多人学习语文的兴趣……

本章内容,旨在从语文学科中,挑选一些记忆负担较重、难以记忆的板块,为你提供有针对性的记忆策略、记忆方法或记忆步骤,以便让你能够更快速、更准确、更容易地记住它们,从而有更多时间去领略语文的美,去鉴赏文学的思想与艺术,进而更好地提升自己的思想境界和审美素养!

第一节 生僻字，不只是一首歌

曾经一首《生僻字》，红遍大江南北。这首歌让许多人一下子掌握了几十个生僻字，对语文的学习产生了极大的促进作用。不过，中学生要掌握的生字远不止这些。中文是象形文字，优点是不管你来自任何地方，不管你的口音如何，只要看到象形的汉字，大家就能相互理解，方便交流。而缺点就是，对学习者不够友好，你需要先认真学习它、掌握它，才能读准确。如果没有学过，有时会读错。不信？你看看下面这些字，看看你能读出几个：

铦　埆　逭　恝　鍪

你有很大的信心，可以全部读对吗？它们的正确读音分别是：xiān, què, huàn, jiá, móu。我估计有很大一部分人没有全部读对。考察的难度更大一点：这些字的含义是什么？你知道吗？是不是感觉更难了？其实，掌握一个生字，需要掌握这个字的三要素：读音、书写和含义，即音、形、义。接下来的内容，就是教给你记忆生字读音、书写及其含义的方法，示例如下：

铦（xiān）：古代的一种农具；锋利

第一步，找音。 找一个读音相同的常见字，如果实在找不到，就找一个读音特别相近的字。比如，读音为"xiān"的常见字"锹"。

第二步，拆形。从书写上来看，这个字可以拆分为两个部分：金、舌。拆分为熟悉的结构即可，不需要拆分得太过细碎，不然会导致记忆负担变重。

第三步，联义。也就是把这个字的含义和它的发音、书写构造联结在一起。具体来说，要联结的关键信息有：

含义	发音	书写构造
农具、锋利	xiān（鲜）	金、舌

这时，可以运用锁链记忆法或情景故事法来记忆这些关键词。为了便于记忆，关键词的顺序有所调整：金属刺破舌尖，流出鲜血……那金属是锋利的农具！

上面的例子，利用三个步骤，让你通过形象的图景，记住了生字的三要素：音、形、义。接下来，通过这种套路，再举出几个例子，供你参考：

墝（què）：土地贫瘠

找音	拆形	联义
què（雀）	土、角	土地的角落有只雀儿，它发现土地贫瘠

逭（huàn）：逃避

找音	拆形	联义
huàn（宦）	官、走	宦官走了，他是在躲避追捕

雎（jū）：鱼鹰

找音	拆形	联义
jū（狙）	且、佳	鱼鹰狙击成功，并且偶遇佳人

衾（qīn）：被子

找音	拆形	联义
qīn（亲）	今、衣	今天穿什么衣服，亲？今天穿的是被子

芼（mào）：拔取

找音	拆形	联义
mào（帽）	草、毛	一手拔草，一手拔毛

罥（juàn）：挂

找音	拆形	联义
juàn（绢）	四、口、月	四口之家在月下挂手绢

恝（jiá）：淡然，不在意

找音	拆形	联义
jiá（颊）	丰、忍	阅历丰富的忍者，脸颊显得淡然不在意

暹（xiān）：太阳升起

找音	拆形	联义
xiān（仙）	日、佳、走	太阳升起，佳人走过，有如仙境中的泰国（暹罗）

鍪（móu）：古代的一种炊具，又指打仗时戴的盔

找音	拆形	联义
móu（谋）	矛、文、金	矛头上镀着一文金，指向孙仲谋的头盔

第二节　易混字词，一眼辨识

在语文考试中，有一些必考题，通常出现在试卷的前面，那就是字音、字形的辨析。请看下面几个常用的词语，你能读对吗？你先读一读，等会儿我会告诉你正确的答案，以及如何准确地记住它们。

① 一塌糊涂
② 果实累累
③ 上档次
④ 生肖

我猜，你有可能是这么读的：把第一个词读成"一tà糊涂"，第二个词读成"果实lěilěi"，第三个词读成"上dǎng次"，第四个词读成"生xiāo"。其实这些都是常见的错误读法。你是否读错了呢？不要灰心，在以前的测试中，很多学生读错了。读对两个以上的人都是比较少的。

正确的读法是："一tā糊涂""果实léiléi"，第三个读成"上dàng

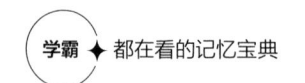

次"，第四个读成"生xiào"。

如果你没有全对，或者有些读音不是很有把握，那么接下来我将带你利用大脑重逻辑、强图像的特性，不仅帮助你快速准确地记住这些容易出错的字音，还能让你举一反三，以后凡是遇到容易混淆的字音，都可以轻松解决。

这个技巧只有三个小步骤：

第一步，弄清楚正确的读音。比如，一塌糊涂，正确读音是tā，一声。

第二步，找一个你非常熟悉的字，与这个正确读音一样。比如，你我他的"他"，倒塌的"塌"，都是一声。

第三步，将你熟悉的这个字，与这个词建立一个图像或逻辑的联结。比如，他的房子倒塌了，生活变得一塌糊涂。这样是不是就轻松记住了正确读音呢？我们再按照这个方法来试试其他的易混淆词语！

第二个词，果实累累。先弄清正确读音是léi，再找到与léi同音的字，雷，最后建立图像或逻辑的联结：打雷时，一棵果实累累的果树被雷劈了。这样是不是很容易就记住了果实累累的正确读音呢？

继续运用这个方法，记忆第三个词，上档次。先弄清正确读音是dàng，再找到与dàng同音的字，上当受骗的当，最后建立联结："学习记忆法"这个课程很上档次，不会让我们上当受骗的。

最后一个词，生肖。这个词就留给你当课后作业，你可以按这三个小步骤，尝试自己独立应用一下。方法越用越熟，最后就会熟能生巧。我以前的学生，把小升初、中高考中易混淆的字全部找出来，运用这种方式，很快就全部记住了。以后遇到这样的考试题，对他们来说，就是送分题。

上面记的是易混淆的字音。接下来让我们看看易混淆的字形。下面三组词语，哪些是正确的呢？请你先试着选一选。

A.挖墙脚　　　　B.挖墙角

A.关怀备至　　　B.关怀倍至

A.打报不平　　　B.打抱不平

我猜，你的答案是不是BBA？

其实正确答案是AAB。不用灰心啊，大部分同学很容易记错这几个词，但其实字形的记忆非常简单，一步就可完成，既可以从逻辑思维的角度记忆，也可以从图景思维的角度记忆。我带你来试试：

第一组，挖墙脚，正确的字形是"脚"，双脚的脚。运用逻辑思维的话，可以这样记忆：墙的脚，就是指墙的下半部分、根基部分。把墙的根基挖掉，墙就会倒塌。形容拆掉对方的台子、挖对方的人才等。也可以运用图景思维：想象一下墙的下面长有一只脚，被锄头挖了！是不是就轻松记住了挖墙脚是哪个jiǎo呢？

第二组，关怀备至，正确的字形是"备"，刘备的备。运用逻辑思维可以这样记忆：备，代表周备、周全，形容关怀得很周全、无微不至。也可以运用图景思维记忆：刘备是杰出的领袖，对兄弟们关怀备至！

第三组，打抱不平，正确的字形是"抱"，拥抱的抱。运用逻辑思维可以这样记忆：遇到不公平的事，挺身而出，打击霸道的这一方，拥抱受欺负的这一方。运用图景思维记忆可以这么想：打完后，要抱抱。读到这里，你是不是发现语文科目中，原本特别容易记混淆的字音和字形，突然

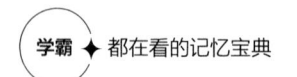

变得非常简单和清晰了呢?

第三节　别再羡慕诗词大会的高手了,你也可以

中央电视台推出的《中国诗词大会》节目,让全国人民再次领略到了古典文化的魅力。通过"赏中华诗词、寻文化基因、品生活之美",开展诗词知识的比拼及赏析,分享诗词之美,感受诗词之趣,带领观众从古人的智慧和情怀中汲取营养,涵养心灵。节目以中华优秀传统文化为主题,题目涵盖豪放、婉约、田园、边塞、咏物、咏怀和咏史等丰富的诗歌类别,节目中的所有题目几乎全部出自中小学课本。节目参赛选手趋向选择素人,选手覆盖学生、空乘人员、工程师、保安、出租车司机、个体户和公务员等行业,其中,中小学生的比例很高。2017年,正在读高一的武亦姝,在《中国诗词大会》第二季总决赛的节目中,凭借强大的实力和淡定的气魄,成功夺冠!后来她考取了清华大学,成为无数中学生的楷模!

在中学语文书中的诗歌,有两种类型:一种是长难诗歌,数量较少;另一种是经典的乐府诗、唐诗或宋词,篇幅较小,占据了很大一部分。这些被选入教材的经典诗歌,有很多是表达人物情感,描述田园野趣或借景抒情,意象丰富,意境优美,借景抒情,或托物言志。意象是指诗歌中用来表达作者情感的事物,如杨柳、白雪、松柏等。

对于篇幅不长、相对比较简单的诗歌,通常运用情景空间逻辑的方式来记忆。以唐代刘禹锡的《陋室铭》为例:

陋　室　铭

[唐] 刘禹锡

①山不在高,有仙则名。②水不在深,有龙则灵。③斯是陋室,惟吾德馨。④苔痕上阶绿,草色入帘青。⑤谈笑有鸿儒,往来无白丁。⑥可以调素琴,阅金经。⑦无丝竹之乱耳,无案牍之劳形。⑧南阳诸葛庐,西蜀子云亭。⑨孔子云:何陋之有?

为了更好地呈现在书中,我将诗歌的情景用简笔画的形式呈现出来:

第①句,山不在高,有仙则名。选取"山"和"仙"作为关键信息,通过这两个字,帮助你记住第一句诗。

第②句,水不在深,有龙则灵。选取"水"和"龙"。

第③句，斯是陋室，惟吾德馨。选取"陋室"，可以设想为一间破陋的茅草房。

第④句，苔痕上阶绿，草色入帘青。用"台阶"和"绿草"作为这一句的意象。

第⑤句，谈笑有鸿儒，往来无白丁。选取"鸿儒"作为关键信息。"鸿儒"的意思是大儒、博学的人。

第⑥句，可以调素琴，阅金经。用弹琴、读经书作为意象。

第⑦句，无丝竹之乱耳，无案牍之劳形。这句话我稍微解释一下。"丝"的意思是丝线、弦，代指弦乐器；"竹"像管子，代指管乐器；"案牍"的意思是官府的公文。整句话是说，没有嘈杂的音乐声使耳朵被扰乱，没有官府的公文使身体劳累。在画图时，可以直接用丝线和竹子表示。

第⑧句和第⑨句没有直接写陋室，用了对比的手法，本身也很好记，就不在图画中显示了。

现在，我们从总体上看一下简图，要特别留意标注的序号。如果你把序号用线连起来，你会发现，它们大致呈现出逆时针的顺序。这与记忆宫殿法在构建定位线路时的要求是一致的。如果你喜欢绘画，在记诗歌时，可以简要地快速画出诗歌的主要内容；如果你不喜欢绘画，直接在脑海里想象出对应的画面，也是可以的。需要注意的是，每一句对应的图像的安放位置，要注意顺序，尽量符合顺时针、逆时针或S形的线路，尽量避免用直线，或者像乱糟糟的电线线路那样交叉乱放，这都会影响你的记忆效果，让你不能厘清记忆的顺序。

另外，中学语文书中，难免有少量长难诗歌，虽然数量少，记忆起来却是不小的负担。对于长难信息的记忆，除了记忆方法的运用，更要注重记忆策略和步骤的运用。

长文章、长诗歌的背诵，一般要按三个步骤或策略开展：

第一步，熟读理解。古诗、古文，要多朗读、多品味、多思悟。古人云："书读百遍，其义自见。"

第二步，分段记忆。这是记忆大段内容的策略。因为记忆大段内容，就像爬高山一样。很难一次性直接从山底爬到山顶，需要分成几个部分，分段完成。世界第一高峰是珠穆朗玛峰，2020年12月8日宣布的最新高程是8848.86米。每年登山季，来自世界各地的登山爱好者，一般先到海拔五千多米的珠峰大本营驻留聚集。剩余的三千多米海拔高度，再分成5个左右的营地，每天或每几天到达下一个营地，遇到极端天气还需要退回来；身体不适或受伤时，则不得不放弃登顶。记忆长难诗文或知识点，最好也按照这样的策略，才能更好地完成。

第三步，方法综合运用。根据所要记忆的内容的特点，综合选用一种或多种合适的方法来记忆。越是复杂的信息，越有可能需要用到多种方法。本书以李白的《梦游天姥吟留别》为例，讲述记忆长难诗歌的步骤和方法。

先根据文义，把全文分为若干小段。本诗可以分为4段，主要内容分别为：天姥山背景简介、梦游（爬山阶段）、梦游（奇闻异景），以及人生感慨。其中第2段和第3段可以进一步细分，参见单备注，具体如下：

梦游天姥吟留别

[唐] 李白

海客谈瀛洲,烟涛微茫信难求;

越人语天姥,云霞明灭或可睹。

天姥连天向天横,势拔五岳掩赤城。

天台四万八千丈,对此欲倒东南倾。

我欲因之梦吴越,一夜飞度镜湖月。

湖月照我影,送我至剡溪。【接近目的地】

谢公宿处今尚在,渌水荡漾清猿啼。

脚著谢公屐,身登青云梯。【开始上行】

半壁见海日,空中闻天鸡。

千岩万转路不定,迷花倚石忽已暝。【上行途中】

熊咆龙吟殷岩泉,栗深林兮惊层巅。

云青青兮欲雨,水澹澹兮生烟。

列缺霹雳,丘峦崩摧。

洞天石扉,訇然中开。【惊悚的景象】

青冥浩荡不见底,日月照耀金银台。

霓为衣兮风为马,云之君兮纷纷而来下。

虎鼓瑟兮鸾回车,仙之人兮列如麻。【醉人的景象】

忽魂悸以魄动,恍惊起而长嗟。

惟觉时之枕席,失向来之烟霞。【梦醒了】

世间行乐亦如此，古来万事东流水。

别君去兮何时还？且放白鹿青崖间，须行即骑访名山。

安能摧眉折腰事权贵，使我不得开心颜！

在熟读理解的基础上，划分段落，并开始记忆：

1. 提取关键词

文章、诗歌类的信息，在熟读理解的基础上，可以提取核心含义的词或开头的词。以前两段为例，参见加粗字体：

海客谈瀛洲，烟涛微茫信难求；
越人语天姥，云霞明灭或可睹。
天姥连天向天横，势拔五岳掩赤城。
天台四万八千丈，对此欲倒东南倾。

我欲因之梦吴越，一夜飞度**镜湖**月。
湖月照我影，送我至剡溪。【接近目的地】
谢公宿处今尚在，渌水荡漾清猿啼。
脚著谢公屐，身登青云梯。【开始上行】
半壁见海日，空中闻天鸡。
千岩万转路不定，迷花倚石忽已暝。【上行途中】

〔海客〕海外来客。〔半壁〕半山腰处的崖壁，简称半山壁、半壁。〔千岩〕很多的岩石。

2. 情景构建

对于文章类的信息，最好的联结方式，是描述且想象出对应的场景：将文章的信息，以场景、情景的方式呈现。以下虽为文字信息，没有配图，但表达了强烈的情景，你可以在脑海里想象出这个场景。

海外来客与**越人**谈话，说**天姥**山连着天际，**天台**山在它面前是小弟；

我飞去**镜湖**边，在山脚下拜访**谢公**宿处，然后上行到**半山壁**，**岩石路**弯转不定。

凭借熟读理解，做到对句子能够复述；通过分析文章段落结构，以关键词构建情景，形成了全文的框架。在框架中填补完整的句子，最终形成对全文的掌握。每次可以只背诵一个段落，背好以后再背下一个段落，最后总体联结起来即可。

第六章
英语学得好，记忆少不了

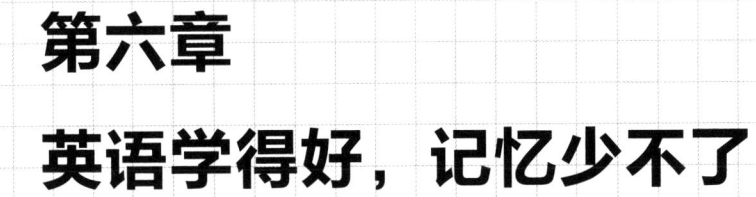

CHAPTER 6

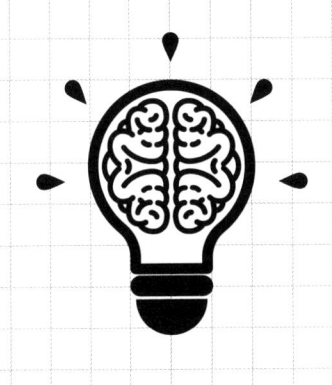

第六章
英语学得好，记忆少不了

学习一门外语，如果你能掌握最基础的音标与拼读，就基本具备了自学的前提。通过背诵句子或文章，不仅能拓展词汇，还能奠定语感与语法的根基。然后，开始阅读、写作或进行简单的口语交流。在这个过程中，与记忆密切相关的部分，就是英语单词与课文。

关于记单词的豪情与苦涩，网络上流行各种段子，借由改编诗歌或歌词，以表达对背单词的悲壮之情，选取一例来感受一下：

> 烟笼寒水月笼沙，为背单词不回家。
> 姑苏城外寒山寺，夜半钟声背单词。
> 我劝天公重抖擞，打起精神背单词。
> 一天到晚背单词，安能辨我是雄雌？
> 洛阳亲友如相问，就说我在背单词。
> 少小离家老大回，天天在外背单词。
> 莫愁前路无知己，天下谁不背单词？
> 天长地久有尽时，单词绵绵无绝期。
> 问君能有几多愁，恰似几百单词背不熟！

这当然太夸张了！但反映的情感，让很多人产生了共鸣！然而，如果你掌握了高效的单词记忆方法，就可以快速脱离绵绵无绝期的烦恼了！一个学期大约有400个单词，有很多同学，过完了整个学期，到了期末考试的时候，还没有背完这些单词。现在，有一个好机会来了：如果你能把本节内容中的单词记忆方法熟练掌握，你就可以只花1～2天的时间，把一学期的单词全部记住！

除此以外，英语有时也需要背诵课文。如果背单词的难度是10，背课文的难度就是30～100。课文越长、句子越复杂，难度系数越高。我非常喜欢《新概念英语》，背诵过《新概念英语》第2册和第3册。很多人考查我的时候，直接采用最难的抽背方式，比如，"请背出第380页的课文""请背出第67课"，或者任意读一句话，我答出所在的页码……这些提问方式，基本都不会难倒我！关于背英语课文的方法和策略，我将在本章一并分享给你！当你借鉴这些经验和技巧后，再来背诵英语书中的课文或新概念课文，效率一定可以显著提升！

第一节　如何1天背完一学期单词

小学阶段对单词的要求不高，每本初中英语教材后面的词汇表中的单词数量大约是400个，而高中生每学期大约要掌握500个单词。从初中开始，就有不少同学英语考试不及格。英语试卷中有大量的选择题，如果不及格，那意味着选择题基本都是乱做的，所以这种学生在做英语试卷时，有一个特点，就是做题速度很快。有同学跟我说，他英语考试10分钟就可以交卷！这当然不值得羡慕……

英语不及格，通常有一个重要的原因，那就是单词没记住！记单词真的很难吗？有大量的中学生不喜欢背单词，感觉很痛苦。其实，单词并没有多可怕，你只是缺少有效的记忆方法！

在学习具体方法之前，你有必要先了解一下单词的三个基本要素：音、形、义。具体请看这个表格：

单词三要素	音	形	义
要素的定义	单词的读音或音标	单词的拼写，即字母部分	单词的含义，在词典中通常用中文或英文释义
具体示例	[wɜːd]	word	$n.$单词，词，字，诺言，许诺；$v.$措辞，用词

记单词，就是把单词的音与义、形与义联系在一起，或者三要素全部记住。比如，当你听到[wɜːd]，你知道它的含义是"单词、诺言"，这就是音与义的联系，听力考查的就是你能不能将音和义联系好。当你看到w-o-r-d这四个字母组合在一起，你知道它的含义是"单词、诺言"，这就是形与义的联系，阅读理解考查的就是你能不能将形和义联系好。如果更进一步，还能掌握单词的用法，那么写作或口语表达也会更准确。

我们经常听到或使用的一种方法，叫作自然拼读。它的厉害之处在于，利用单词的发音规律，把单词的音和形联系起来；但是它有一个弱点，就是没有把单词的含义联系起来。所以，有些基础薄弱的同学仍然觉得不适合自己……

从根本上来讲，所有高效的单词记忆方法，都可以归结到两大记忆角度，即从"音"的角度记单词，或从"形"的角度记单词，有时是二者的

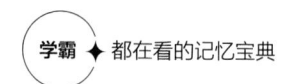

结合。

而记忆的思维，主要是逻辑思维或图景思维，有时是二者结合。根据单词记忆的这些特点，我给中学生总结了6种实用的记忆方法。具体请看下图：

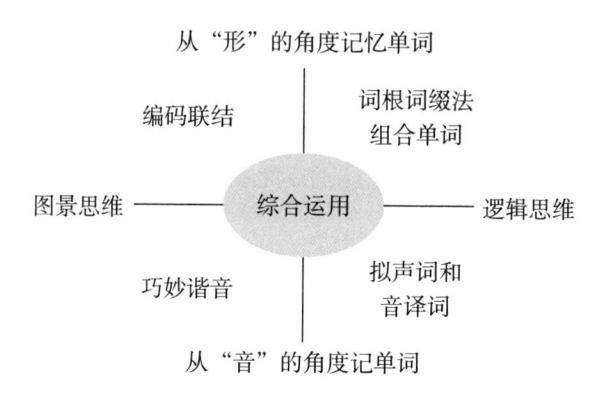

```
              从"形"的角度记忆单词
       编码联结        词根词缀法
                      组合单词
   图景思维 ——— 综合运用 ——— 逻辑思维
       巧妙谐音        拟声词和
                      音译词
              从"音"的角度记单词
```

运用逻辑思维的方法有三种：词根词缀法、组合单词（如football、blackboard），以及拟声词和音译词（如bomb、tofu）。运用图景思维的方法有两种：编码联结和巧妙谐音。还有一个综合运用的方法，同时从两个角度或两种思维记单词。词根词缀法、组合单词和编码联结属于从"形"的角度记单词，拟声词和音译词属于从"音"的角度记单词。下面我将带你具体学习每一种方法。

方法1：词根词缀法

前缀和后缀对于单词记忆的重要性，已经被很多的老师、很多的书籍，强调到足够高的水平。然而，令人无比遗憾的是，暂时处于中低水平的超大规模的学习者，一看到词根词缀就烦躁，甚至深恶痛绝。其实，前后缀非常简单，每次能学一点是一点，无须追求一下子全掌握。我们先看一组例子：

agree [ə'gri:] *v.*同意

agreeable [ə'gri:əbl] *adj.* 令人愉快的

agreement [ə'gri:mənt] *n.*同意

disagree [disə'gri:] *vi.*不同意

disagreeable [ˌdisə'gri:əbl] *adj.*不愉快的

disagreement [ˌdisə'gri:mənt] *n.*意见不同

agree意思是"同意"。这个词非常简单。把它作为词根，通过添加一些前缀和后缀，就能记住一连串的单词。例如，加上形容词后缀-able，就变成形容词agreeable，表示"同意的，令人愉快的"；加上名词后缀-ment，就变成了名词agreement，含义还是"同意"，只是变了词性；如果加上前缀dis-，变成disagree，表示否定，单词含义就变成了"不同意"；而disagreeable、disagreement就是同时加上了前缀和后缀，变化也很有规律。

总结一下，从构词的角度看，单词通常有三个部分：前缀、词根和后缀。前缀主要表示方向、关系、数量和程度等，词根表达核心含义，后缀主要表示词性，如名词、动词、形容词和副词等。

我在《考研单词：世界记忆大师教你高效记忆》这本书中，以非常审慎的态度，在数以百计的前缀中，精选出14组，并以巧妙的顺序编排，很多学员看一遍就可记住。万一你没有"一遍就记住"这些前缀，也不必灰心丧气，再来一次也依然有趣。可以说，你只要把这些最精练的前后缀掌握了，在词缀方面就基本入门了！

前缀记忆点睛：（有很多国家）**相互之间，不分内外，从上到下**，共反每使强前（共反美式抢钱）。

前缀的具体内容，请鉴赏下表：

序号	要义	前缀	备注	单词示例
1	相互之间	inter-	—	international国际的
2	不	dis-	在g、l、m、r、v之前变为di-	dislike不喜欢
		in-	il、ir、im（后接b、m、p）	incredible不可相信的 illegal不合法的
		un-	—	unhappy不高兴的
3	分	se-	分开，一分为二	separate分开
		dis-	分离，分散，分别；另有di-	display展览
4	内	in-	in-在内；into-向内，入内；另有im-、em-、en-	import进口
5	外	ex-	向外，在外；另有e-、ef-、es-、ec-	exit出入口 essay散文，随笔
6	从……到	trans-	—	transport运输
7	上	sur-	在上面，在表面，超越	surface表面，外观 surpass超过
8	下	sub-	向下，地表以下；另有suc-、suf-、sug-、sum-、sup-、sur-、sus-	suppress镇压 subway地道，地铁
		de-	向下，在下，低的；引申义：变坏，除去	decline下降，衰落
9	共	con-	共同，全部，一起；另有com-、cor-、col-、co-	compose组成 connect连接 collect收集

续表

序号	要义	前缀	备注	单词示例
10	反	re-	反向，返回，反复，重复，重新	return返回 repeat重复
		ab-	反向（离开），相反，不；另有ob-、op-	abnormal不正常的
11	每	per-	每个，每时，自始至终	perceive感知 persist坚持
12	使	en-	使……，与文言词的使动用法类似；另有in-、em-	enlarge扩大，放大
13	强调，加强	ad-	add–增加，ad–加强，一再；另有ab-、ac-、af-、ag-、al-、an-、ap-、ar-、at-	abrupt突然的 account账目，说明
14	前	pro-	向前，偶尔也表示在前	progress前进，进步
		pre-	在前，提前	preface封面

你可以先从表面上记住这些前缀，在以后的记忆运用中，可以随时回头查阅、复习这个表格。当你能够熟练掌握这些最精练常用的前缀，就建立了一个良好的基础，有助于建立对词缀的兴趣、信心，在未来拓展更多数量的前缀。

常用后缀一览表

后缀	常见形式	单词举例
名词后缀	-ance, -ence, -er, -ist, -ism , -or, -(t)ion/sion, -ment, -ness, -ship, -(i)ty, -ology	entrance, difference, teacher, nation, agreement, business, doctor
动词后缀	-ate, -ise/ize, -fy	create, rise, classify
形容词后缀	-al, -(t)ual, -ive, -ic, -ous, -able/ible, -less, -ful	social, actual, active, scientific, famous, agreeable, careless, careful

方法2：组合单词

组合词非常有逻辑规律，一般快速看一下，就能完成识记。比如：blackboard黑板，它由两个单词构成：black黑色的，board板子，组合起来就是黑板。

下面的几个词也都具有类似的规律：

troublemaker [ˈtrʌblmeɪkə(r)] *n.*麻烦制造者

football [ˈfutbɔːl] *n.*足球

spaceship [ˈspeɪsʃɪp] *n.*太空船

backyard [ˌbækˈjɑːd] *n.*后院

方法3：拟声词和音译词

从逻辑思维的方式看，拟声词来自事物或动作本身具有的声音特性。比如，全世界多种语言，在表达"妈妈"这个含义时，发音近似度相当高。这种基于大自然或人类社会的原始声音，表达特定含义的词语，具有语音的一致性、含义的一致性，可以定义为拟声词。这是多语言之间的特殊少见现象。

音译词：比如tofu豆腐、humor幽默，在两种语言之间，一种语言借用另一种语言表达一种新的概念，往往直接从音的角度翻译过来，在人名、地名的翻译中非常普遍。

拟声词和音译词，归纳到"用逻辑思维，从音的角度记单词"这一类别，数量不多，我只举两个例子，让你看一下就好。

拟声词和音译词示例：

类型	示例	说明
拟声词	giggle ['gɪgl] *vi. / n.*痴笑，咯咯地笑；*vt.*笑着说	发音很像"咯咯"，咯咯地笑
音译词	champagne [ʃæm'peɪn] *n.*香槟酒，微黄色	发音很像"香槟"，直接音译而来

方法4：编码联结

编码联结法的运用步骤是：先对单词进行分段并编码，再用锁链记忆法把它们联结起来。比如：

单词	编码	联结
hippo ['hɪpəʊ] *n.*河马	hi嗨+pp屁屁+o圆圆的	嗨，屁屁圆圆的是河马！
boast [bəʊst] v.自夸，吹嘘	这个单词，如果把字母s拿掉，就是boat小船，字母s可以设想为美女，因为美女有S形身材	小船上有个美女在自夸，夸自己身材妖娆，呈S形
language ['læŋgwɪdʒ] *n.*语言	lan烂+gua瓜+ge哥	

最后一个单词，我已经帮你分好段了，你可以自己试试怎么记住它！

方法5：巧妙谐音

用谐音的方式记单词，曾经受到了广泛的质疑和批评。有些不太好的谐音方式，当然会受到诟病，比如，把"thank you very much"，谐音成"三克油喂你妈吃"，这是对谐音方式的滥用。当然，也存在巧妙的谐音方式，比如：

单词	谐音	说明
beverage ['bevərɪdʒ] n.饮料	被我立即	饮料被我立即喝掉了！
agitate ['ædʒɪteɪt] v.摇动，骚动，鼓动	爱挤推的	骚动的时候，人群拥挤，推来推去

总的来说，谐音如果能够巧妙运用，就是很好的记忆方式。

方法6：综合运用

对于长难复杂的单词，或由多个形近词、近义词构成的群组，需要同时从"形"和"音"的角度，或同时运用逻辑思维和图景思维来记忆。这就涉及综合运用了。这里举两个例子。

单词	分析	联结
diagnose ['daɪəɡnəʊz] vt.诊断	前四个字母用谐音的方式处理，diag谐音"呆二哥"；后四个字母组成单词是nose鼻子	呆二哥鼻子需要诊断
harness ['hɑːnɪs] vt.治理；利用	前三个字母，很像一个单词，har(d)难，艰苦；后面四个字母，可以谐音成"你试"	很难治理，要不你试试

有时候可以把同一类的大量单词，放在一起去记忆。比如，英语的基数词转换为序数词，有一定的规律，所以可以把所有数字放在一起理解和记忆！

基数词是指一、二、三……一百、一千等普通整数词语；序数词是指用来排顺序的词，比如第一、第二、第三……第一百、第一千等，用来表示第几号、第几位。

基数词转变为序数词，一共有五个类别。

第一类：直接在基数词后面加-th。比如：fourth第四，sixth第六，

thirteenth第十三。

第二类：数字1、2、3，特殊记。first第一，second第二，third第三。这三个非常特殊，需要单独记忆。

第三类：8去t，9去e，-ve要用f来代替。8是eight，去掉t，加-th，变成eighth；9是nine，去掉e，加-th，变成ninth。-ve结尾的数词有两个，five和twelve。-ve变成f，再加上-th，变成fifth和twelfth。

第四类：-ty结尾，y变成ie。主要是整十的数字，比如：twenty、thirty、fifty……其序数词为twentieth第二十，thirtieth第三十，fiftieth第五十。

第五类：不是整十的数，前面基数不变，后面变为序数。比如：twenty-one，前面的twenty不变，只变后面的one，one的序数词是first，所以第二十一就是twenty-first。同样地，twenty-two变成序数词就是twenty-second，twenty-four变成序数词就是twenty-fourth。

当我们把这五个类别理清楚了，所有关于基数词变为序数词的问题，就都一次性解决了。如果每遇到一个数字，就解决一个，那就需要解决很多次同类问题，学习的效率就变低了。

当然，如果这五个类别总结在一起，你仍然觉得难以记忆，我把它们变成歌词，再配上《上海滩》的乐曲，就可以边唱边记啦！

基变序，有规律：数词后面加上-th；

一二三，特殊记：词尾字母t、d、d；

八去t，九去e；-ve要用f来代替；

八去t，九去e；-ve要用f替（音乐重复）；

扫码听音乐

-ty结尾，y变成i，-th前有个e；

不是整十没关系，前面基数后面序。

本节内容主要节选自《考研单词：世界记忆大师教你高效记忆》这本书。由于篇幅所限，本节内容相对简略。如果你想更深入地学习单词记忆方法和记忆的策略，或者你想要挑战更高难度的考研单词，可以在各大网络平台购买这本书，用来细致学习和练习。

第二节　背课文，如何不再"蜀道难"

古人十分重视诵读，不少人还对诵读的地位、作用等做过精辟的论述，如"书读百遍，其义自见""旧书不厌百回读，熟读深思子自知"等。

《新概念英语》青少版序言作者、北京外国语大学教授、国家英语课程专家组组长陈琳说："在没有语言环境的情况下，必须下艰苦的功夫。我一向主张要'背'。不仅儿童，成人更加要背。"林语堂在《英文学习法》中说："学习英语的唯一正轨，不出仿效与熟诵。仿效即整句的仿效，熟诵则仿效之后必回环练习，必使能顺口而出而后已。"华东师范大学外国语学院院长张维说："我学英语，在很大程度上得益于过去的'死记硬背'，这是学语言根本离不开的方法。学语言有一个从'死'到'活'的过程，'死'的东西多了，熟能生巧，慢慢就会'活'。死记硬背到一定程度，便会'死'去'活'来。"

在英国乃至整个欧洲，语言教学中十分推崇背诵。小学生一开始学习，教师就让学生背诵《圣经》之类的经典之作，不求理解，只求背诵，他们认为学生背熟后，随着年龄增长、知识增多，自然而然就理解了。日本作家手岛佑郎说："日本在明治维新以后，快速实现了现代化。一个重要的因素就是江户时代以来，日本人在私塾中朗读和背诵《论语》等中国书籍培养的超常记忆力。"

经典的英语文章，一般结构清晰，故事情节生动。如果英语基础较好，用自己的语感、语法等功底，运用好背诵的策略，加入一定的分析、归纳总结，也可以快速地记下课文。下面重点论述英语课文记忆的流程和方法。这些方法都来自记忆和教学的实践，是被证明有效的方式。看起来非常容易，但仍然需要认真训练。

一、高质量预习

充分的预习，对于背诵训练有很大的促进作用：扫除背诵训练的主要障碍，提升语感，提高背诵准确率，提升自信心。预习环节，最基本的要求是认读课文中的新单词，并且记住。然后理解文义，因为理解有助于记忆。以下是高效预习的方法与策略：

1. 语音朗读

（1）跟读或朗读：如果不会读，可以跟着老师或课文的录音朗读。不求绝对标准，基本正确即可。很多人自认为自己的发音不标准，不敢朗读，不愿朗读，在发音上有巨大的心理障碍。新东方创始人之一王强老师曾在一次节目访谈时说，对绝大多数的外语学习者来说，语言的最大功能是交流。只要你能让对方听得懂，能够让别人理解你的话，就足够了。如果你是英语老师，甚至是英语频道播音员、口语翻译官，那么发音肯定要标准地道。除此以外，你只需要比较标准即可。就像是中国人讲普通话，你能讲得让别人听得懂就行，即使带些方言口音也无妨。即使是在以英语为母语的国家，也不是每个人都发音标准。放眼全世界，中国人的英语发音，总体上可能比日本、韩国和泰国等美国的盟友国家的水平要好一些。另外，高度标准的语音，有时候体现为一种天赋。没有天赋或者没有接受极好的训练，很难达到播音员的境界。就像你身边，普通话能达到一级甲等或乙等的，能有几个人呢？因此，如果你不是一定要以语言作为未来的职业，你在发声方面也没有独特的天赋，那么在发音的问题上，你需要与自己和解，需要增强自信，不必花费巨大的代价、牺牲过多的精力去追求不必要的完美。

（2）高速朗读：在准确会读的基础上，每次朗读的速度尽量快一些。高速朗读的好处很多。其中，最重要的好处是，**突破音频障碍**。人耳能听到的声波范围为20～20000Hz。低于20Hz称为次声波，高于20000Hz称为超声波。次声波和超声波人耳都不能听到。6岁之前，人的听觉敏感度很高，可以识别很广的频率。随着年龄增长，逐渐适应自己母语的频率。而不同的语言，频率差别较大。

汉语的频率偏低，在125～2000Hz；英语频率较高，在2000～15000Hz；俄语的频率范围很广，在125～12000Hz。西班牙语、法语和日语都属于相对较低的音域。习惯了高频率的人，比较容易适应低频率，因此母语频率比较高的人，在学习外语时，会存在一定的优势。而母语频率较低的人，在学习高频率语言时，会存在音频障碍，难以突破，导致听力理解、口语

世界各民族语言的频率

频率（Hz）	125	250	500	1000	1500	2000	3000	4000	12000
汉语	████	████	████	████	████				
英语						████	████	████	████
美语				████	████	████			
法语		██		████					
德语			████	████	████				
意大利语					████	████	████		
西班牙语		████	████	████	████				
俄语	████	████	████	████	████	████	████	████	
日语		████	████	████					

交际水平较弱，这有可能是中国、日本等国家的人，在学习高频率的英语时，比较困难、考试平均得分偏低的原因之一！

2. 句子记忆

如果要背诵的英语课文长难句很多，背诵难度很大，这时，你可以将句子一个一个地记住！试着挑战一遍记忆一个句子！然后快速默写，如果没有完全正确，要用红笔更正；如果错误率较高，可以重新记忆并默写。这可以极好地训练专注力，是主动学习的高级表现。当你能够把一篇文章的长难句都准确记住、准确默写的时候，再来挑战整篇课文，难度就会极大地降低。我在背诵《新概念英语》第2册时，感觉课文难度不大，只需要把高倍速朗读做好即可；但是《新概念英语》第3册的难度高了很多，只是朗读熟练，背诵起来仍然很难。所以，我就先将课文中的长难句记住，并进行默写和批改。当这一步做完之后，背课文就没有太大的难度了！越背越有成就感！

为了让你更好地理解和运用记忆的步骤与方法，本节选取《新概念英

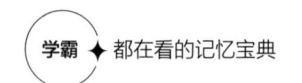

语》第2册第8课的课文,作为示范案例。正文如下:

Lesson 8   The best and the worst

①Joe Sanders has the most beautiful garden in our town. ②Nearly everybody enters for "The Nicest Garden Competition" each year, but Joe wins every time. ③Bill Frith's garden is larger than Joe's. ④Bill works harder than Joe and grows more flowers and vegetables, but Joe's garden is more interesting. ⑤He has made neat paths and has built a wooden bridge over a pool. ⑥I like gardens too, but I do not like hard work. ⑦Every year I enter for the garden competition too, and I always win a little prize for the worst garden in the town!

这是一篇并不算长的课文,比中学阶段的很多课文都要短一些。其中,第2句、第4句、第5句和第7句比较长。你可以拿这几句练习一下长难句的记忆与默写!争取读一到两遍,或在30秒、60秒的短时间内,仅凭专注度和语感,记住一个句子,并准确默写。

二、超快速记忆

中学生需要背诵的英语课文,一般有三种情况:一是英语课本中的课文,需要背诵全文或重要段落;二是优秀作文、经典范文;三是课外的美文,比如《新概念英语》课文、英语演讲稿等。我曾在高中的时候,花了1个月的时间,将*I have a dream*背了下来。当时有两百多个陌生的长难单词,仅仅查字典注释就花了十多个小时!中学阶段,英语课文的共同特点是:篇幅较长,难度较大。

如果你是英语基础好的同学，语感很好，记忆力也很棒，想要进一步提升记忆的速度和准确度，做好下面的第1步即可。如果你的基础偏弱，或者你背诵的课文难度很大，就把第2步、第3步也做好。

1. 分段，梳理课文框架

长课文一般都有行文逻辑。常见的逻辑有3种类型：时间逻辑、空间逻辑和关系逻辑。它们的详细用法，可以参考本书第四章。你可以从三个维度去考虑英语文章的逻辑：全文（大逻辑）、长段落内部（中逻辑）、句子之间及长难句内部（小逻辑）。根据这些逻辑，你可以将全文划分成若干个段落或部分。分段背诵，会大幅降低记忆难度，正如化学反应加入催化剂。长文、长段落、长难句，凡是长难信息，皆可分段。在本书第五章第三节长诗歌部分，也有类似的处理策略。仍然以Lesson 8为例，分段如下：

第一段：最好（the best）。先说结果。

第二段：再说最好的原因。在段落内部：先说竞争对手的优势，面积大、努力种花种菜；再说第一名的优点——Joe的花园更有情趣，有小路和木桥（就像美女，三分靠长相，七分靠打扮）。

第三段：最差（the worst）。在段落内部，先交代原因，再说出结果：因为不勤奋，所以最差！

英语基础好、记忆力也好的中学生，分析到这里，就已经可以轻松背出来了！如果到这一步你还不能轻松背出，请继续走好下面的第2、第3步！

2. 提取关键词

何为关键词？内容中最关键的信息点，可以简单理解为考试中必考的考点，或者有助于记忆的词语。不同的信息，关键词的类型有所区别。比如，诗歌中的关键词，通常是诗歌中的事物、人物或开头的词等。关键词的提取技巧，总体上有四个：形象的词、表达核心含义的词、经过理解而概括的词，以及开头的词。诗歌文章类的信息，会经常用开头的词作为关键词。提取的原则是，能不提取就不提取，能少提取就少提取。注意不要试图提取题目或文章中所有的信息，一定要提取最重要的关键词。如果文章比较难，可以每一句都提取关键词；如果文章简单，或者对文章很熟悉，一段只要一个关键词即可。Lesson 8的关键词，参考如下加粗字体：

Lesson 8　The best and the worst

Joe Sanders has the most beautiful garden in our town. Nearly **everybody** enters for "The Nicest Garden Competition" each year, but Joe wins every time.

Bill Frith's garden is larger than Joe's. Bill works harder than Joe and grows more **flowers and vegetables**, but Joe's garden is more interesting. He has made neat **paths** and has built a wooden **bridge** over a pool.

I like gardens too, but I do not like hard work. Every year I enter for the garden competition too, and I always win **a little prize** for the worst garden in the town!

3. 记忆联结

背诵英语课文大多采用时间逻辑或空间逻辑记忆法。运用时间逻辑记忆法时，需要把时间逻辑的链条梳理清楚；运用空间逻辑记忆法时，可以基于课文的大背景，构建一组有空间逻辑的图景。为了便于呈现，可以用绘画的方式画出来，简笔绘画即可，也可以在脑海中想象。

Lesson 8讲述的大背景是花园。因此，在空间逻辑的布局上，总体布局就是花园。然后，在这个大背景中，将第2步中提取的关键词，按合理的顺序布局好。合理的顺序，一般有顺时针、从左到右、从上到下、S形等，或者反过来。下图为电脑PS制作，相对精美一些。但最简便的方式，是绘制简笔画。

图中的序号与事物，和课文的关键词，对应关系如下：

序号	事物	关键词	记忆联结／备注
1	旧伞	Joe Sanders	Joe San，谐音"旧伞"
2	一群人	everybody	每一个人都坐在这里，就构成一群人
3	比尔·盖茨	Bill Frith	用"比尔·盖茨"代替Bill Frith
4	花和蔬菜	flowers and vegetables	直接来自文中的形象词
5	路，桥	paths, bridge	直接来自文中的形象词
6	我	I	直接来自文中的人物

续表

序号	事物	关键词	记忆联结／备注
7	小礼盒	a little prize	直接来自文中的形象词

学过前面的记忆宫殿，再来看这幅图中的7个类似于地点桩的事物，会非常容易记忆。而这7个事物，分别是课文中7句话的关键词。当你看到或想到对应的关键词时，就很容易把这个关键词所在的那句话复述出来。每一句都复述完，全文也就背诵完了。如果你的预习工作非常扎实的话，就能实现超快速记忆！中学生一般2~5分钟，就可以把这种长度和难度的课文背下来！

第三节　如何背诵整本书

背诵语文和英语文章，难度已经很大了，堪称是令很多人头疼的事情！但是，你有没有经历过这样的时刻：读到一本经典的好书，或者几篇绝妙的文章，就想着"要是能把它全背下来，该有多好？"我曾经"妄想"要背诵《诗经》《古文观止》《弟子规》《道德经》《论语》《唐诗三百首》《新概念英语》全系列，以及《傲慢与偏见》英文原版……由于时间和其他多方面原因，这些愿望并没有全部实现。截至目前，大约只背了其中的三分之一。

我背书的兴趣，开始于小学。当时在乡下，我家离学校的距离大约200米。如果按现在的标准来看，我家是非常便利的"学区房"。每天早上6点，我提前2小时就到了学校，拿到钥匙，然后打开教室门。我喜欢坐在靠窗的位置，窗外是一片田野，远处有小堰塘，再远处是大水库。由于当时的小学并没有英语课，也没有课外书，能读的书就只有语文书。一个小男孩就那样"莫名其妙"地坐在简陋的书桌边，一遍又一遍地读着书中的课文。春天的时候，窗外吹来青草的气息和野花的芬芳；夏天的时候，最愉悦的莫过于凉爽的晨风；秋天的田野，满眼都是金黄的水稻；冬天的早晨总是弥漫着漆黑的浓雾，那时我会带着火柴和蜡烛，在烛光中朗读！小学的时候，我没有书包，也几乎不会把书本带回家，作业总是在学校完成。学期结束的时候，我通常要拿一个很大的装农产品的蛇皮袋子，把所有的书本全部带回家。那时，家里人偶尔会问一句："这学期都学了啥子呀？"最简单的回答方式，就是背一篇课文给他们听一听。就在这时，我才发现，语文书上的每一篇课文，我都能背出来，不管那篇课文是否要求背诵！这大约就是依靠持之以恒的朗读，才看似毫不费力地实现的。

然而，这种背书的方式，显然并不普遍适用于今天的学习。如今的教育教学水平已经得到大幅提高，在优秀的语文老师或英语老师的指导下，中学生已经可以很深入全面地理解、鉴赏经典的诗歌或文章。这种情况下，不需要依靠反复的诵读、全面的背诵来掌握必备的知识或技能。即便如此，背诵的任务似乎依然不少。甚至，有些人喜欢背诵，也想要背诵大量的经典课文或整本书。如何成功且高效背诵一本书呢？背诵整本书，或者完成其他某项艰巨的任务，通常需要在三个方面同时做好。

动力：背诵大量的文章，与背诵少量的文章，有很大区别。整个过程，需要强大的动力，需要顽强的信念。在正式开始挑战之前，先给自己列出5～10个理由。为什么要背诵整本书？理由越充分，动力越强劲。也要想一想，过程中可能存在哪些困难，包括时间问题、难度问题、心理问题和学习环境问题等。另外，给自己设置一些奖励，如果实现目标，立即奖励自己。目标可以分为总目标、阶段目标和小目标，每一个目标都可以有对应的大奖励、中奖励或小奖励。

能力：你需要把预习工作做好，也需要把本书中的6种最常用的记忆方法掌握好。在背课文的过程中，遇到困难的内容，可以使用高效的方法加以解决。

毅力：这是挑战背诵整本书，最需要的心理素养。在遇到困难的时候，能不能坚持，能不能找到解决办法，能不能耐得住寂寞，能不能克服其他诱惑或干扰，都直接关系着背诵整本书能否成功。同时，你还需要用好学习策略，以便让整个过程少一些意外，多一些保险。比如，制订好计划，宽为限，紧用功。功夫到，滞塞通；克服诱惑，抵制游戏、美食、美景、八卦等多方面的诱惑；准备工具，挑选足够好的大本子和黑笔用来默写，准备红笔用以批改，也可准备耳塞和秒表，让自己更专注；布置环境，准备好台灯、宽敞桌面、白开水等。

在背诵整本书的过程中，还有一个极其致命的影响因素，那就是复习。很多人可以背好单独的课文篇章，却总是背不完整本书，根本原因是，背完后面，忘了前面。因此，在背诵整本书的过程中，你需要通过合理科学的复习方式，让背过的课文成为长时记忆。下面给你分享我在背诵《新概念英语》全书中发现的"秘方"！有了它，你背过的课文，在几个月之后，也仍然不会忘记……

首先要深刻认识到遗忘是不可避免的。课文背完以后，是很容易遗忘的。当天不复习，第二天就很可能背不出来了。如果三天不复习，基本就忘得所剩无几了。这并不是因为我们的脑子笨，而是记住的知识在脑海中的印象不深刻，记忆质量不高。因此，必须复习！那么，如何复习效果更好呢？

我使用的课文复习方式是：背诵式复习！通过重复背诵的方式，起到复习巩固的作用，进而实现长时记忆。为什么是背诵式复习，而不是阅读式复习？平时很多人复习课文，都是再读一遍或再看一遍，但是这种方式很难形成深刻的印象。而不看、不读，直接采用背诵的方式，你的注意力就会保持在高度集中的状态。刚开始会背得比较慢，三五次之后，就会显著加快，10次以后就能达到流利背诵的水平了。背诵式复习，最大的好处在于，它加深了每次复习的印象，提高了每次复习的质量！

在保证质量的同时，还需要保证数量！也就是复习的次数。重复，是深度习得的关键。重复，可以形成对神经的有效刺激，进而促进突触的生长。接受刺激后，神经细胞会长出新的突触，形成新的回路。接续、反复地进行刺激，这些回路会变得越来越紧密、持久。反复练习的次数越多，传递信息的效果就越好。听的次数越多，听觉回路就越发达；朗读、背诵得越多，口语表达的回路也会相应发达起来。

在翻阅查找了数百篇学术研究文献后，我发现了一个与英语背诵非常相关的学术成果，那就是：背诵次数与考试成绩之间的关系。这项研究在一所偏远学校开展。英语老师的教学水平比较普通，但是学生的考试成绩比较好。主要的教学方式就是背诵。不同的学生，由于英语基础、学习动力或时间安排不同，英语背诵的次数也有较大差异，最后通过分析背诵次数与英语考试成绩的相关性，得出以下结论：当复习的次数在10次以内时，英语考试成绩随着复习次数的增加而提高；复习次数为10～20次时，同学之间的成绩几乎没有区别；当复习次数超过20次之后，英语成绩又会发生飞跃式提升，从80分提升到90分以上。

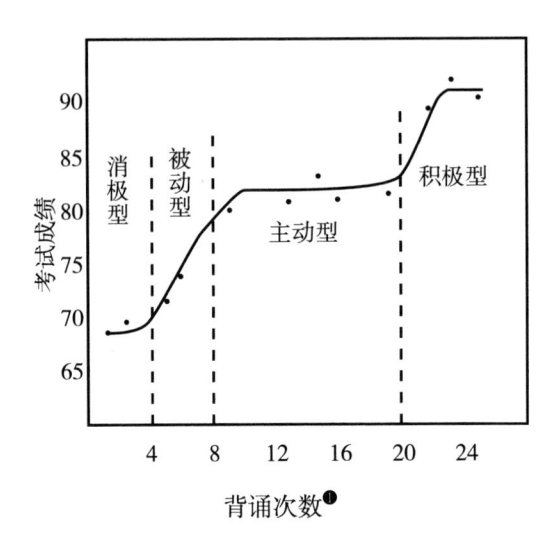

[图：背诵次数与考试成绩关系图，横轴为背诵次数（4、8、12、16、20、24），纵轴为考试成绩（65～90），曲线分为消极型、被动型、主动型、积极型四个阶段]

结合我背诵《新概念英语》的经验，我发现，如果你想长时间地记住背诵过的课文，在1个月、3个月甚至更长的时间之后，也不会忘记，或只发生轻微的遗忘，并且可以很快重新实现流利背诵，你需要背诵的次数，有一个大致的参考标准：简单的英语课文，一般需要背诵10～15次；难一点的课文，需要背诵15～25次；复杂的英语课文，需要背诵25～35次。当你能够实现长时记忆的时候，再去挑战更多的新课文或整本书，就没有后顾之忧了！当然，这么多的复习次数，不是在一天之内完成的。实际上，每天背诵1～2轮、每轮背诵2～3次的效果比较好。假如每天一共

---

[1] 龙献平,黄光大.背诵强度与英语学习成绩的相关性研究[J].西安外国语学院学报，2006（3）：56-58.

背诵3次，一周之后，你就会背诵得非常流利，印象也非常深刻！

为了更好地完成流利背诵，实现长时记忆，在每一次背诵时，你可以使用秒表，把每一次背诵所用的时间记录下来。你可以画一个简单的表格，把时间统一记录在表格中。计时还有额外的好处：每一次按下秒表，都会自然产生适度的紧迫感，让自己更专注一些；当时间记录多了，也可以慢慢看到自己背诵得越来越快，更加有成就感！

如果你想实现整本书任意点背，你可以借助记忆宫殿法（具体参考本书第三章第五节），把每一篇文章的序号、标题和页码，存入记忆宫殿。比如Lesson 8　The Best and The Worst，这篇课文的序号是8，页码是40，标题是：The Best and The Worst，将这三个信息存放在记忆宫殿中的1个或2个地点桩上即可！

背诵，表面上看起来很枯燥，但实际上，如果你能进入背诵的状态，掌握良好的背诵策略、步骤和方法，你就能够快速记住很多精彩的文章，然后就会越来越喜欢背诵。有很多文学系、外语系的名师、大家，都曾"享受"过背诵的好处。

著名文艺理论家、美学家、教育家朱光潜先生在《从我怎样学国文说起》中说："私塾的读书程序是先背诵后理解。在'开讲'时，我能了解的很少，可是熟读成诵，一句一句地在舌头上滚将下去，还拉一点腔调，在儿童时却是一件乐事。我现在所记得的书，大半还是儿时背诵过的，当时虽不甚了了，现在回忆起来，不断地有新领悟，其中意味，确是深长。"

文笔简洁圆融、幽默隽永的文学大师、新月派骁将梁实秋先生在《岂有文章惊海内》中说："我在学校上国文课，老师要我们读古文，大部分选自《古文观止》《古文释义》，讲解之后要我们背诵默写。这教学法好像很笨，但无形中使我们认识了中文文法的要义，体会撷词练句的奥妙。"

著名语言学家、北京大学中文系教授叶蜚声先生，在接受澳门大学学生访问时说："学习语言必须多读、多讲、多背诵。……中文、英文或是其他语言，我都喜欢背诵，因为背诵是帮助融会贯通的方法之一。"

学养深厚、笔融文白的香港大学中文系教授陈耀南博士在《谈背诵》中说："背书，就如练字、练拳、练舞，熟能生巧。巧必由烂熟而出。好文章背诵得多，灵巧的修辞、畅达的造句、铿锵的声韵、周密的谋篇，口诵心维，不知不觉，便成自己能力的一部分。加上泛观博览，深思精研，将古人的感受，比照当今的情境，印证永恒的人性人情，于是自己的文学艺术境界，又可层楼更上。"

中国海洋大学外国语学院首任院长杨自俭说："诵读和背诵，对于语感的发展是很有好处的。很多老知识分子，语文学得好，就是因为他在学语文的时候，养成了朗读和背诵的习惯，那么他在学英语的时候，就把这个方法迁移到英语的学习中来了，就取得了成功。"

著名英语教学专家胡春洞说："语言的习惯是由模仿逐步养成的。而要模仿，就必须熟读和背诵，不然模仿无从谈起。背诵是中国人学习的传统方法，我至今认为依然十分有效。"

世界语言学巨匠、对中国文化有深入认识的汉学家，瑞典人高本汉先生说："中国学生即使在低年级里，也必须背诵几种大部的经典，并须熟记历代名家所作的几百篇文章和几百首的诗歌。这种学习的课程，采用了二千年，养成大家于古代文书具有特别的熟悉；结果，对古代的历史和文学，又发生了一种崇拜敬爱的心理；这实在是中国人的特色，并使中国著作家在文辞的修饰上自然能得到有效的结果。"

第七章

生化学科的根基

CHAPTER 7

第一节 生物难背的知识都在这里了

生物是一门非常重要的学科。除考试以外，学习生物知识还有助于你保持健康，保全生命。在发达国家，生物是中小学生的必修课，它关乎生命健康、生长发育、体育锻炼和意志力等精英素质的培养。如果再看得远一些，生物还是世界科技的前沿。美国、日本等发达国家的生物科技实力非常强；在中国，国家出台了《中国制造2025》的行动纲领，为高端科技指明了方向，其中生物医药是十大战略重点之一。生物直接影响绿色农业、医疗和环境保护等大健康、大环保领域，也涉及高端的基因工程、军事仿生学和新能源等领域。

生物必背的考点，通常有两个特点，分别对应两种记忆方法。第一类是：运用锁链记忆法，记忆短小知识点。请看一个小例子：

生物分类，从大到小的等级依次是：
界、门、纲、目、科、属、种。基本单位是种。

这七个字，首先可以成两段：界门纲目、科属种。分段之后，记忆难度已经有所下降。如果你觉得记忆仍然不够牢固，还可以进一步运用锁链记忆法来记忆。第三章第二节重点阐述了在遇到形象化程度不高的信息时,可以采用三种常用方式,把信息转换为形象的名词或动词,包括:替换、望文生义和谐音。在这里,采用谐音的方式,把"界门纲目、科属种"转化为"姐买干木,刻书中"。姐姐买一块干木头,刻几个字在书中。姐买干木,对应着"界门纲目";刻书中,对应着"科属种"。这样是不是记得更牢一些了?

这是根据从大到小的等级来记忆的。你当然也可以颠倒过来,根据从小到大的等级来记忆。从小到大的顺序是:种、属、科、目、纲、门、界,可以谐音成一句更完整、更顺畅的语句:中苏渴慕钢门洁。中国和苏联渴慕钢门洁净。这里给出的钢门,是金字旁的钢,你也可以换成月字旁的肛。这个例子很简单,你只需要把信息联结起来就可以了。

再看一个复杂点儿的例子,是关于维生素的重要作用。

维生素种类	缺乏时的症状
维生素A	夜盲症
维生素B_1	脚气病
维生素C	坏血病
维生素D	佝偻病、骨质疏松症

对人体最重要的维生素有:维生素A、维生素B_1、维生素C和维生素D。如果缺乏这些维生素,分别会导致夜盲症、脚气病、坏血病,以及佝偻病与骨质疏松。要想记住这个知识点,你只需要把字母A、B、C、D分别与对应的症状联结起来即可。

先看维生素A,对应的症状是夜盲症。"A"和"夜"可以怎么联结呢?字母A是抽象的信息,但是在英语中,它表示"一,一个",与"夜"

联结起来，就是"一夜"。你可以再扩展一下场景：那一夜，你得了夜盲症，在夜晚什么都看不见！"一夜"，对应的原来的信息是"A夜"，也就是"维生素A和夜盲症"。这样就把两个信息联结起来了。

再看维生素B_1，对应的症状是脚气病。字母B，谐音为"比"。后面的脚气病，第一个字是"脚"。把"比"和"脚"联结起来，就是一个我们非常熟悉的词：比较！比较一下，看看谁的脚大？比较一下，看看谁的脚气病更严重？哈哈！有点小恶心啊！"比较"，对应的原来的信息是"B脚"。B，代表的是维生素B_1；脚，代表的是脚气病。

再来看维生素C，对应的是坏血病。在讲这个记忆方式以前，我先谈谈方言的问题。不知道你或者你身边的人，是怎么读字母C的？我在读大学的时候，寝室里的另外三个兄弟，分别来自福建、广东和广西，他们都把字母C读成"吸"，三个人都这么读，我甚至开始怀疑我以前的英语老师是不是教错了，后来发现是我读得更准确一些。他们的发音方式，尽管不够准确，但是有助于我们记忆这个知识点。如果我们把字母C读成"吸"，维生素"吸"，对应"坏血病"，可以联结为"吸血"——"吸掉坏血"，或者"吸血鬼让你得了坏血病"。所以，就利用"吸血"记住维生素C与坏血病的关系。

最后一个，维生素D，缺乏的症状是：佝偻病、骨质疏松症。佝偻病也叫软骨病，这两个症状都与骨头有关系。字母D谐音"地"，地面的"地"。与佝偻的"佝"组合起来，就是"地沟"。地沟里有骨头，有软骨，也有疏松的骨头，看着还挺吓人的。总之，一想到"D佝"，"地沟"里有骨头，就知道：缺乏维生素D时，会导致骨头类的疾病。

以上两个小例子，虽然内容不长，但是记忆起来也不是特别容易，经常会出现记不清、记不全的情况。现在，我带你学习生物知识记忆的第二类记忆方式：运用空间逻辑记忆法，记忆生物的结构。人教版生物（七年级上册）中有很多图片，是关于生物体的特征、生物的器官或细胞的结构。这些也是经常需要记忆的。比如：植物细胞的结构，有7个部位。分别是：细胞壁、细胞膜、细胞质、细胞核、线粒体、液泡和叶绿体。

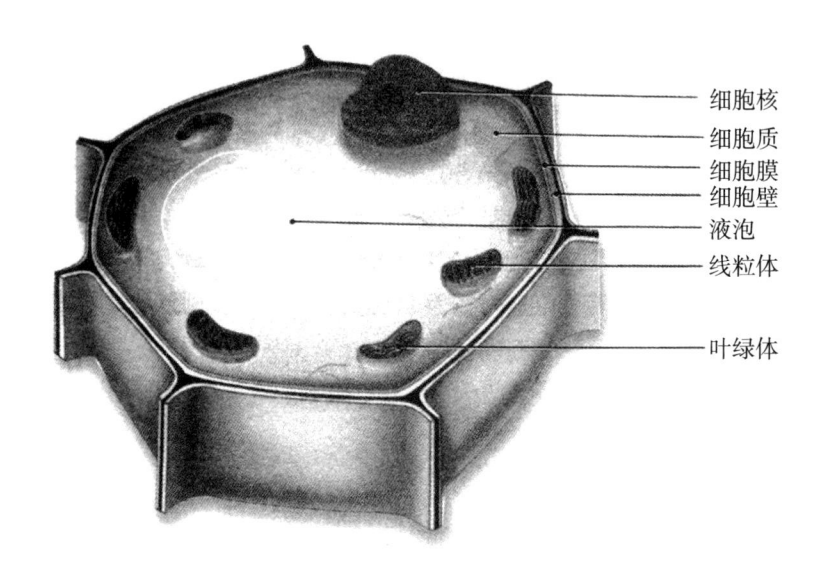

细胞核
细胞质
细胞膜
细胞壁
液泡
线粒体
叶绿体

这些部位的功能和特点，在生物教材中都有详细解释，我就不一一解说了。我们重点看看如何记住这些部位。前四个部位非常好记，运用空间逻辑记忆法，从外到内，依次是：细胞壁、细胞膜、细胞质和细胞核。

后面的三个部位，有很多同学容易漏掉，想不起来。它们是：线粒体、液泡和叶绿体。这些名词，任意一个拿出来看，我们都很熟悉，但是如果有多个这样的信息，放在一起，就有可能漏掉。对于这类信息，我们通常可以提取第一个字作为关键信息，比如：线、液、叶，再把它们处理为：献爷爷——把一张细胞图片献给爷爷。

第七章
生化学科的根基

总体来看，植物的细胞结构，最重要的四个部分，我们用空间逻辑法来记住；后面的三个部分，运用谐音的方式进行信息转换。在平时的学习中，你也可以把不同的方法结合起来，灵活使用。

记完了植物的细胞结构，再来看动物的细胞结构，你就会发现，实在是太简单了！因为动物细胞结构只有四个部分，比植物的结构少了快一半了。我们可以将这两种细胞进行对比，来弄清楚它们到底有哪些区别。动物的肉体一般比较柔软，不像大树那样坚硬。这是因为，动物细胞没有细胞壁，最外面只有柔软的细胞膜；动物细胞中没有液泡和叶绿体，因为动物一般没有光合作用，不需要叶绿体，也没有类似于植物细胞中的液泡。那些香甜可口的水果，液泡中含有糖分，而动物的肉吃起来并不甜。

接下来，再教你一个生物考点，那就是种子的结构。种子通常有两种，比如，双子叶的菜豆种子，单子叶的玉米种子。它们的结构有很多相似的部分，最核心的结构是胚。请看种子的结构示意图。

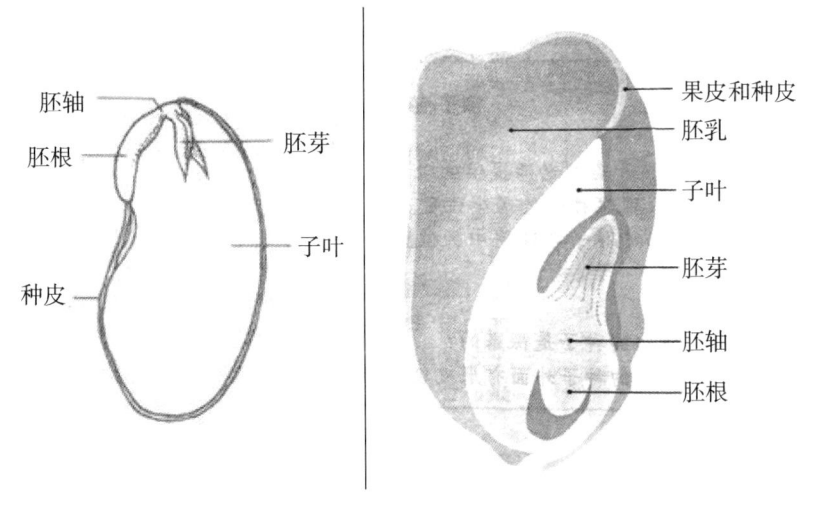

左图是菜豆种子，右图是玉米种子。胚由四个部分构成，分别是：胚

147

根、胚轴、胚芽和子叶。左图中，这四个部位按顺时针的顺序；右图中，四个部位按从下到上的顺序分布。如果你担心空间逻辑印象还不够深刻，我再给你一个辅助记忆的口诀：赶走鸭子，分别代表根、轴、芽、子，也就是胚根、胚轴、胚芽和子叶。用两种方式记忆一个知识点，这就为记忆上了双保险！

生物中，还有一个长难知识点——"动物种类大全集"。人教版八年级上册的生物学课本将动物分为11个主要类群。每一类又有各自不同的特点，如果不运用有效的记忆方法，就很难把这个板块的知识掌握好。你可以先把每一种动物的名称和特点熟悉一下，最后运用记忆宫殿的方法，将所有动物种类一次性准确无误地记下来，到时，你就会觉得，生物真是太简单了！

第一种动物是：腔肠动物。对于低等动物的特征，有一个统一的逻辑记忆方式，那就是按照从整体到局部的模式来记忆。从整体上看，腔肠动物的身体辐射开，就像把一把撑开的雨伞上面的那块遮雨布撕掉之后剩下的部分。局部来看，腔肠动物体表有刺细胞。最后一个特点是有口无肛门，这一条不用刻意去记。因为动物种类中，有口无肛门的，只有两种，另一种是下面我要讲的扁形动物。

第二种动物是：扁形动物。从整体上看，身体呈两侧对称，是扁扁的薄片。从局部来看，背部、腹部扁平，这个特点从名称上也是可以看出来的。和腔肠动物一样，扁形动物有口无肛门。后面所有的动物，都是有口有肛门的。

第三种动物是：线形动物。从整体上看，身体细长，呈圆柱形，像一根光滑的管线，这也体现在它的名称上。从局部来看，体表有角质层，这是一层致密、结实的防护层，能保护体内器官。

第四种动物是：环节动物。从整体上看，身体呈圆筒形，一环一环地连接在一起，就像洗衣机的排水管。从局部来看，身体的下面有刚毛或疣（yóu）足。环节动物开始出现专门的运动器官，这意味着它们的运动能力开始变强。动物，一个显著的特点，就是它能运动，擅长运动。

第五种动物是：软体动物。从整体上看，身体外面有外套膜，大多还有贝壳。从局部来看，运动器官是足。

第六种动物是：节肢动物。从整体上看，身体表面有坚硬的外骨骼。从局部来看，身体和附肢分节。

第七种动物是：鱼。从鱼开始，动物的体型差异变大，从头到尾或从头到脚，身体的各个部位也都很明显。所以，在记忆这些动物的特征时，一般采用从头到尾的顺序来记忆。对于鱼类，书中给出了四个主要特征：

①生活在水中；
②体表常有鳞片覆盖；
③用鳃呼吸；
④通过尾部和躯干部的摆动以及鳍的协调作用游泳。

其实这四个特征，可以概括为三个。将①和④合并，它们都是在说游泳，也就是鱼类的运动。按照从头到尾的顺序，可以先记忆第③条，用鳃呼吸，因为鳃长在头部；再记第②条，体表大多有鳞片，这可以当作身体的中间部分；最后记第④条，通过尾部和躯干部的摆动以及鳍的协调作用游泳。游泳当然是在水中发生的（第①条）。之前的记忆方法中，我讲过调整顺序有助于让信息变得更有逻辑，而一旦有了逻辑顺序，记忆一下子就变得简单了。我经常呼吁编写教材的专家把书写得更有逻辑性，希望他们能够听听我的建议，这会在很多方面降低中小学生的记忆负担。

第八种动物是：两栖动物。两栖的含义是，既可以生活在水中，又可以生活在陆地上。两栖动物小时候只能生活在水中，在水中用鳃呼吸，像鱼一样；长大后，大多生活在陆地上，一般用肺呼吸，皮肤可辅助呼吸。要记忆两栖动物的特征，只要把"两栖"分别说清楚就可以了，逻辑也很清晰。

第九种动物是：爬行动物。它们具有以下特征：

①体表覆盖角质的鳞片或甲；
②用肺呼吸；
③在陆地上产卵，卵表面有坚韧的卵壳。

以乌龟为例，按照从头到尾的顺序，头部对应第②条，呼吸，空气从头部的鼻子进入肺部；中间的身体，对应第①条，体表覆盖鳞片或甲；尾部对应第③条，产卵，卵表面有坚韧的卵壳。

第十种动物是：鸟。它们的主要特征是：

①体表覆羽；
②前肢变成翼；
③有喙无齿；

④有气囊辅助肺呼吸；

⑤体温恒定。

鸟类的特征比较多，一共有5个，观察鸟的身体，按照从头到尾的顺序找5个部位，依次是：嘴巴、脖子、翅膀、身体和尾部。嘴巴对应第③条，有喙无齿；脖子对应第①条，体表覆羽；翅膀对应第②条，前肢变成翼；翅膀下面是身体，对应第④条，身体里有气囊，辅助呼吸；尾部的肛门，用来放置温度计测量体温，对应第⑤条，体温恒定。这里又出现了调整顺序的现象。

第十一种动物是：哺乳动物。其主要特征是：

①除鲸等少数水生种类的体毛退化以外，体表被毛；

②胎生，哺乳；

③有牙齿，且分化为门齿、犬齿和臼齿。

从头到尾，先记第③条，牙齿在头部，分为门齿、犬齿和臼齿；中间的身体部位，对应第①条，体表被毛；尾部有生殖器官，对应第②条，胎生、哺乳。

每一种动物的特征梳理完了。现在，我们要把这些动物全部记住。下面是我精心制作的一张图。我在这张图上，标注了11个序号，每个序号代表一个位置：

序号	事物	动物	说明
1	雨伞	腔肠动物	腔肠动物长得跟雨伞类似，呈辐射对称
2	椅子靠背	扁形动物	椅子的靠背是扁扁的，对应"扁形"
3	人的肚子	线形动物	肚子里有细长的蛔虫
4	土地	环节动物	土里有蚯蚓，蚯蚓身上有环状小节，是环节动物
5	小路边	软体动物	小路边有一只软体动物
6	木桥	节肢动物	木桥上停留着蝗虫，它是节肢动物
7	水池	鱼	水池里有鱼
8	岸边	两栖动物	岸边生活着两栖动物
9	树干	爬行动物	树干上有爬行动物
10	树枝	鸟	树枝上有一只鸟
11	地面	哺乳动物	地面上有一只哺乳动物

第二节 化学的基础：元素周期表

元素周期表是化学这门学科的基础。对于元素周期表的记忆，不同的学习阶段、不同的学习目的、不同的记忆要求，都会带来记忆方式的不同。对于绝大多数初级学习者来说，只需要记住前20种元素以及后面的少量常用元素，比如铁、铜等。具体记忆方式可以参考第一、第二部分。有更高级记忆要求的，可以按行或按列记忆，也可以完全按照第二部分的数字定位法来记忆所有元素。

第一部分：前20种常用元素的记忆

qīng 氢	hài 氦	lǐ 锂	pí 铍	péng 硼	tàn 碳	dàn 氮	yǎng 氧	fú 氟	nǎi 氖
nà 钠	měi 镁	lǚ 铝	guī 硅	lín 磷	liú 硫	lǜ 氯	yà 氩	jiǎ 钾	gài 钙

主要运用谐音的方式，将这些元素转化成"顺口溜"：

青海你披篷，谈单养父来。
那美女归您，柳绿要嫁guy（小伙子）。

说明：青海湖边，你披着斗篷旅行。谈单子赚钱的事，养父来干。那个美女归您了，在柳绿的时节要嫁给你这个小伙子。

如果想更牢固地掌握这20个元素，你可以按下面3个步骤来做：

步骤1，把口诀背下来；

步骤2，把口诀对应的字，默写出来；

步骤3，如果有更高追求，可以看一看元素对应的符号，再连同符号默写一次。

第二部分：原子序数高的常用元素

选取8个原子序数高于20的常用元素，分别是：26铁、29铜、35溴、47银、53碘、79金、80汞、82铅。

运用数字定位法记忆，需要熟悉数字编码，具体可参考本书附录的数字编码表。

原子序数	数字编码	元素名称	记忆参考
26	河流	铁	河流上有铁路桥，铁路桥跨过河流
29	饿囚	铜	饿囚关在铜墙里；铜雀春深锁饿囚（杜牧原诗：铜雀春深锁二乔）
35	山虎	溴	山虎嗅蔷薇；羞羞的小山虎
47	司机	银	司机收银子／戴银镯；银饰挂在司机面前
53	乌纱帽	碘	乌纱帽压破碘酒瓶；碘酒沾在乌纱帽上
79	气球	金	气球是金色的；金属丝拴着气球
80	巴黎铁塔	汞	巴黎铁塔身上挂满了"弓"；水银（汞）从铁塔上慢慢流下来
82	靶儿	铅	靶儿上插着铅笔；铅笔在靶儿上画圈圈

在记忆参考中，我给出了正向和逆向两种记忆方式，以方便正向或反向回忆。数字定位法，实际上可以用来记忆每一种元素。每一种元素和数字都是唯一对应的。

第三部分：按行记忆

元素周期表，一共有7行。同一行的元素，原子核外电子层的层数相同（特殊情况除外）。第1行元素的电子层数为1；第2行为2，以此类推。

可能有少量人群对元素周期表的记忆要求更高，需要全部记住。这时可以按行记忆，也可按列记忆。具体选用哪种方式，取决于实际的需要，你可以根据自己的情况来选择。全部记忆，信息量很大，需要费一些功夫。

行数	元素	说明	记忆参考
1	氢、氦	青海	青海湖边
2	锂、铍、硼、碳、氮、氧、氟、氖	你披篷，谈单养父来	你披着斗篷潇洒去，谈单子的事情让养父来干
3	钠、镁、铝、硅、磷、硫、氯、氩	那美女归您，柳绿呀	那美女归您了，你俩欣赏柳绿呀
4	钾、钙、钪、钛、钒、铬、锰	嫁给康泰凡哥们	嫁给康泰集团的凡哥们，入豪门；铁姑捏痛新嫁者，新嫁者生气休克
4	铁、钴、镍、铜、锌、镓、锗（zhě）	铁姑捏痛新嫁者	
4	砷、硒（xī）、溴、氪（kè）	生气休克	
5	铷、锶、钇、锆、铌	如此一告你	如此一告你，不得了，老怕银哥用坚硬的膝盖踢，小弟我要被踢成癫痫了
5	钼、锝、钌	不得了	
5	铑、钯（pá）、银、镉、铟、锡、锑（tī）	老怕银哥硬膝踢	
5	碲（dì）、碘、氙（xiān）	弟癫痫	

续表

行数	元素	说明	记忆参考
6	铯（sè）、钡、镧（lán）、铪（hā）	塞北懒汉	塞北懒汉，贪污赖我，我用一铂金项链供他，家里前壁破，挨冻
	钽（tǎn）、钨（wū）、铼（lái）、锇（é）	贪污赖我	
	铱（yī）、铂（bó）、金、汞（gǒng）、铊（tā）	一铂金供他	
	铅、铋（bì）、钋（pō）、砹（ài）、氡（dōng）	前壁破、挨冻	
7	钫、镭、锕	防雷啊	防雷啊！雷电让卤猪肚的锡箔变黑，只能便宜卖给大轮哥
	𬬻、𬭊、𬭳、𬭛、𨭎	卤猪肚锡箔黑	
	𨭆、鿏、𫟼、鿔❶	卖大轮哥	

第四部分：按列记忆

列数	元素	说明
1	氢、锂、钠、钾、铷、铯、钫	请Lina加入私访
2	铍、镁、钙、锶、钡、镭	媲美盖茨被雷
3	硼、铝、镓、铟、铊	彭女家（欢）迎她
4	碳、硅、锗、锡、铅	探归者西迁
5	氮、磷、砷、锑、铋	但您身体病
6	氧、硫、硒、碲、钋	杨柳西堤坡
7	氟、氯、溴、碘、砹	父女秀点爱
8	氦、氖、氩、氪、氙、氡❷	还来牙科（不）嫌冻

❶ 仅包含原子序数112号之前的元素。
❷ 仅包含原子序数112号之前的主族元素。

完整的故事情节：请Lina加入私访，早上有人自吹"媲美盖茨"，被雷劈。中午彭女家欢迎她到访，午后探归者西迁。但您身体病了，在杨柳下的西堤坡休息。傍晚父女秀点爱，还来牙科不嫌冻。

第五部分：化学有色离子

离子	颜色	记忆参考
Cu^{2+}铜离子	蓝色	蓝瞳（蓝铜）
Fe^{2+}亚铁离子	浅绿色	亚速钢铁厂（亚铁）黔驴技穷（浅绿）。（敌人潜藏在亚速钢铁厂地道，后来支撑不住而投降）
Co^{2+}钴离子	粉色	股份（钴粉）
Ni^{2+}镍离子	绿色	用镊子捏绿叶（制作玻片标本观察叶肉细胞的场景）
Cr^{2+}亚铬离子	蓝绿色	秧歌（亚铬）、男女（蓝绿）：男女扭秧歌
Cr^{3+}铬离子	绿色	超人（Cr）割绿叶（铬与镉音近，用字母区分）
Cd^{2+}镉离子	蓝绿色	隔（镉）离期间，男女听CD、扭秧歌（与上面的亚铬放在一起记忆，它们都是蓝绿色）
Au^{3+}金离子	金黄色	金黄
MnO_4^-高锰酸根离子	紫红色	高粱红（高红）
MnO_4^{2-}锰酸根离子	墨绿色	猛（锰）见魔女（墨绿）戴墨镜

第八章
政史突击记忆：小科目，大逆袭
CHAPTER 8

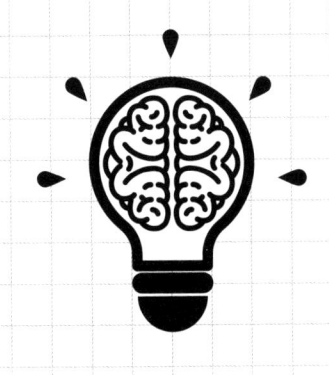

在有些地区，生物与地理科目不作为中考主考科目，成绩不计入中考总分，只是作为录取时的参考成绩。但是，在绝大多数地区，政治与历史是中考的主考科目。它们在初中阶段难度不大，但是需要记忆很多内容。本章精选这两个科目的经典知识类型，为你提供适合的高效记忆方法。

第一节　政治知识点记忆精选

我在读初中的时候，曾经很不喜欢政治。因为这个科目自学起来很难发现乐趣，政治老师也总是对着书念，让我们去背画下的重点内容。政治的知识点通常又很抽象，背起来比其他科目更难。

直到我上大学以后，才重新认识了这个科目，以前的心理阴影也消失了，反而发现了这个科目的乐趣和意义。

你知道上学的根本意义是什么吗？就是让每个人更好地适应社会生活。除了掌握必要的知识和技能，你也必须知道社会习俗、社会规范和法律道德等，从而更好地与人相处。从德智体美劳全面发展的角度来看，"德"排在第一位。而政治这门课，是培养你适应社会的最主要的科目之一，是"德"育的关键环节。因此，政治科目的学习，与你的心理成长和成熟息息相关。

关于政治的记忆，最难背的主要是大型的问答题。常用的方法有逻辑记忆法和情景故事法。先看一个逻辑记忆法的例子：

中国保障人民当家作主的制度体系的主要内容

①人民代表大会制度是我国的根本政治制度，是人民掌握国家政权、行使权力的根本途径；

②中国共产党领导的多党合作和政治协商制度是我国的一项基本政治制度。这项制度强调通过充分协商，求同存异，找到最大公约数，画出最大同心圆；

③民族区域自治制度，是一项独具中国特色的实现民族平等、保障少数民族合法权利的基本政治制度；

④实行基层群众自治制度，发展基层民主，是社会主义民主政治建设的基础。

我们发现，这个知识点主要在说四种制度，分别是：人民代表大会制度、中国共产党领导的多党合作和政治协商制度、民族区域自治制度和基层群众自治制度。这四种制度，如果从权力等级来看，人民代表大会制度的等级最高，是我国根本政治制度；中国共产党领导的多党合作和政治协商制度，也是从中央开始设置的制度，权力等级很高；民族区域自治制度，一般是指省级自治区或地市级自治区，比如内蒙古自治区、西藏自治区等，这是地方性的、区域性制度，比中央级别的制度要低一些；而基层群众自治制度，主要是指乡镇、农村这种最低层级的制度，权力等级最低。

因此，我们可以按权力等级，对这几种制度从高到低的渐变过程进行排序，如图所示：

```
         人民代表
         大会制度
    ─────────────────
    中国共产党领导的多党
    合作和政治协商制度
  ─────────────────────
      民族区域自治制度
 ───────────────────────
      基层群众自治制度
```

最上层是人民代表大会制度，接下来是中国共产党领导的多党合作和政治协商制度，第三层是民族区域自治制度，最下层是基层群众自治制度。权力等级非常清晰。

记住了这四个制度的名称以后，就记住了这个题目的关键，也知道了这个题目的框架。不过有些读者有可能会有这样的担心：这个知识点这么长，只记住这几个制度，我还是答不上题，这该怎么办呢？

别担心！接下来，只需要再做一件事，你就可以搞定这种长难的问答题了。那到底做什么呢？学会名词解释。

每个科目，都有独特的名词概念，这些概念非常重要，如果不掌握它们，你就很难真正理解、真正学好这个科目。我知道有很多同学非常讨厌各种各样的概念。今天我会给你一些小小的策略和方法，帮助你解决这个问题。

首先，你要仔细品读这个概念。分析一下这个概念包含哪几个要点。一个概念通常包含2~4个要点，你可以把这些要点标记出来。比如第①条说，人民代表大会制度是我国的根本政治制度，是人民掌握国家政权、行使权力的根本途径。要点有两个，根本政治制度、人民掌握并行使权力。当你把要点标记出来后，再用自己的话表述一下。这会比直接死记硬背原文中的文字简单多了。

其次，你还可以在不改变原文含义的情况下，对文字内容做一些改编，变成自己更习惯的表述方式。比如第②条说，中国共产党领导的多党合作和政治协商制度是我国的一项基本政治制度；这项制度强调通过充分协商，求同存异，找到最大公约数，画出最大同心圆。它加强多党派的协商与合作，多沟通、多包容，尽量满足最大范围的利益。当你理解到这个层面，就会发现，从"政治协商"这几个字出发，把"协商"的含义拓展一下就可以了。记忆的负担就大幅降低。

优秀的文艺节目主持人，通常都会把很长的主持稿改编成自己习惯的表达形式，从而让自己脱稿主持，让节目更精彩活泼。而严肃的新闻稿子通常不能改变，必须原文播报。中学生要记忆的内容，很多时候并不必然要死死按照原文一字不差记忆，而是可以在尊重原文含义的基础上，按自己的方式来表达。你可以参考这两个很实用的小策略，锻炼自己掌握名词解释的能力，不仅简化问答题的记忆，还能提高口语表达能力。

接下来再讲一个案例：

中国特色社会主义事业必须坚持中国共产党的领导核心

①这样才能始终保持现代化建设的社会主义方向；

②这样才能维护国家统一、民族的团结，并为社会主义现代化建设创造稳定的社会环境；

③这样才能最广泛、最充分地调动一切积极因素搞好社会主义现代化建设；

④我国社会主义现代化建设所取得的伟大成就已经证明，中国共产党能够而且必须领导现代化建设，我们必须坚持中国共产党的领导。

读完这个知识点，脑海里不禁浮现出了在中国共产党的指挥下，各民族团结一致、热火朝天地搞现代化建设的场景。这种场景特点鲜明的信息，很适合运用情景故事法来记忆。在第三章第四节，专门讲解过这种方法，它有三个步骤：第一步，设定大情景；第二步，选取关键信息；第三步，将关键信息细化进大情景。

这个知识点中的大情景就是搞现代化建设的场面。现在我们重点看第二步，选取关键信息。

第①条中的关键信息，可以选"方向"，也就是说，在现代化建设中，坚持社会主义方向，而不是资本主义方向或宗教极端方向。关于"方向"，可以用"红旗"来替换，因为红旗代表了社会主义。如果你担心忘记，还可以想象红旗是三角形的，像一个箭头的方向。

第②条，可以选"民族团结"，民族团结了，社会就稳定了，只有社会稳定才能搞建设。如果社会动乱，不仅搞不了新的建设，原有的东西也会被破坏掉。而中国共产党领导的多党合作和政治协商制度，能够让民族团结，社会稳定。关于"民族团结"的情景，可以设想为：多个民族的人民，手拉手形成一个圈，代表团结。

第③条的关键信息，可以概括为：广大的建设者们积极建设。再进一步概括为：人在建设。这很容易令人想到建高楼或修路的情景。

第④条的关键信息，可以选"伟大成就"。中国已经取得的成就有：高速铁路、航天工程和三峡大坝等，随便选一个你喜欢的成就来代替就行了。

接下来就是情景故事法的第三步，将关键信息细化进大情景。

第二节　历史知识点记忆精选

中华民族历史源远流长，灿烂辉煌，积累了无数宝贵的历史文化和精神财富，比如秦始皇兵马俑、万里长城、敦煌莫高窟等。你还去过哪些历史文化名胜区呢？如果我们放眼世界，也会对宏大而辉煌的世界历史而惊叹。

在中学阶段，学习历史，需要记忆的知识类型通常有3种，分别是：历史年代、历史事实的内容或过程，以及历史事件的意义或影响。先来看看历史第一类知识的记忆——历史年代！

在世界记忆锦标赛的十大比赛项目中，有一项是历史年代的记忆。如果比赛采用真实的历史事件，历史知识丰富的人将会有显著优势。为了让比赛更公平，更加突出"记忆的能力"，而不是突出"历史的知识积累水平"，组委会想到一个巧妙的方法，那就是：编造出一些类似于历史事件的信息，提供给记忆高手来记忆。这个项目的世界纪录是印度选手创造的，在5分钟的时间里，他记住了154条虚拟事件与日期，这相当于一本历史教材后面附录的全部历史大事件。很多人2小时也记不完，而运用了速效记忆法以后，10～30分钟记完，是很容易做到的。你如果有兴趣的话，可以估算一下效率提高了多少倍。

那些记忆高手们是怎样快速记忆这些信息的呢？我给你解密一下。你仔细观察，会发现，这些信息包含两个重要的部分：一是时间（年份），也就是数字信息；二是所发生的事情，也就是文本信息。记忆的关键，就是将这两个信息联结起来。比如：

    1857年 印度民族大起义
    1453年 拜占庭帝国灭亡

这怎么联结呢？数字是很抽象的信息，你可以运用前面我们学过的信息转换思维来处理：替换、望文生义和谐音。1857可以谐音为：一把武器。印度人民拿起一把武器，就开始起义了。

下一个，1453谐音处理为：已失我山。已丢失我的江山，江山被别人占领，这就是帝国灭亡了。

这两个例子当然有点巧妙，但是，并不是每个年份都方便谐音。遇到不方便或不能快速谐音的事件怎么办呢？假如你并没有快速地找到很好的信息转换方式，你可以参考记忆高手的通用做法，也就是对数字进行编码（详见本书末尾附录的数字编码表）。

比如，00看起来像"望远镜"，这是象形的转换方式；02念起来像"铃儿"，这是谐音的方式；38用"妇女"替换，这是从逻辑上替换的方式。几乎所有数字信息的转换，都采用这三种方式中的一种或多种。如果你熟练掌握了这套数字编码系统，以后再记忆数字信息就很容易了。

接下来，我带你学习记忆历史第二类知识——历史事实的内容或过程。我选取了一个小案例：

印度的种姓制度

最高等级是婆罗门，其下是刹（chà）帝利、吠舍（fèishè）和首陀罗。

这是一个典型的历史事实。在印度，阶层分化非常明显，社会非常不平等，种姓制度把人分为四个等级，上层少数人，压迫和剥削着下层的人民群众。这种不平等的现象，直到今天这个时代，依然很普遍。很明显，种姓制度包含四个信息，用连锁记忆法非常合适。先提取关键信息。选取第一个字比较合适，也很快捷，它们是：

婆、刹、吠、首

再把这四个字转化为一句通顺的话：菩萨废手。菩萨把坏人的手废掉了。菩，代指婆，婆罗门；萨，代指刹，刹帝利；废，代指吠，吠舍；手，代指首，首陀罗。

这个知识点非常好记。下面再看第三类知识——历史事件的意义或影响。请看案例：

五四运动的意义

①五四运动是一次彻底地反对帝国主义和封建主义的爱国运动；

②在这次运动中，中国工人阶级开始登上政治舞台，展现了伟大的力量；一些初步接受了马克思主义的知识分子和青年学生，在运动中起了重要的作用；

③五四运动是中国新民主主义革命的开端。

这个案例的篇幅比较长，记忆难度很大。在记忆某个事件的历史意义的时候，我们一定要先了解这个事件的背景以及内容或过程。五四运动发生在1919年5月4日。先是北京的学生在天安门集会，揭露帝国主义列强的侵略行径，并举行示威游行。后来上海、武汉、南京等全国200多个城市的学生也广泛支持或参与。事情的起因是：在第一次世界大战期间，中国宣布对以德国为代表的同盟国作战，支援了大量粮食，还派出劳工到欧洲支援，为取得第一次世界大战的最终胜利做出了巨大贡献和牺牲。作为战胜国的中国，索回山东半岛的主权，这是顺理成章的事。结果在1919年的巴黎和会上，帝国列强无视中国的正义要求，将德国在山东的一切权力转交给日本，打破了中国人民对帝国主义的幻想。消息传到国内后，就引起了五四运动。

对于这次运动的历史意义，我们可以同时用两种记忆法来处理。先运用时间逻辑记忆法，把这3条信息，分为两个部分：

（1）五四运动的直接价值，主要是第②条。可以运用情景故事法来记忆。你可以想象这样的情景：一大群工人和青年学生走上街头游行示威，他们手上举着旗帜或横幅，旗帜上写着"誓死力争，还我青岛"等口号；道路两旁，是广大的人民群众。五四运动促进了向人民群众传播马克思主义。

（2）五四运动的历史意义。五四运动是一次彻底地反帝反封建的爱国运动，也是新民主主义革命的开端。

总之，对于又长又难的信息，可以同时运用多种记忆方法，综合发挥不同记忆方法的优势，最终解决记忆的问题。

附录：数字编码表

数字编码主要采用三种方式：象形，如00望远镜、01小树、10棒球等；谐音，如02铃儿、12椅儿、13医生等；意义，如09猫（猫有九条命）、38妇女（3月8日是妇女节）等。

★以下编码仅供参考。

00望远镜	01小树	02铃儿	03三角板	04小汽车	05手套	06手枪
07锄头	08溜冰鞋	09猫	10棒球	11梯子	12椅儿	13医生
14钥匙	15鹦鹉	16石榴	17玉器	18腰包	19衣钩	20香烟
21鳄鱼	22双胞胎	23和尚	24闹钟	25二胡	26河流	27耳机
28恶霸	29饿囚	30三轮车	31鲨鱼	32扇儿	33星星	34沙子
35山虎	36山鹿	37山鸡	38妇女	39三九胃泰	40司令	41蜥蜴
42柿儿	43石山	44蛇	45师傅	46饲料	47司机	48石板

续表

49湿狗	50武林盟主	51工人	52鼓儿	53乌纱帽	54巫师	55火车
56蜗牛	57武器	58尾巴	59兀鹫	60榴梿	61儿童	62牛儿
63流沙	64螺丝	65尿壶	66蝌蚪	67油漆	68喇叭	69八卦
70冰激凌	71鸡翼	72企鹅	73花旗参	74骑士	75西服	76汽油
77机器人	78青蛙	79气球	80巴黎铁塔	81白蚁	82靶儿	83芭蕉扇
84巴士	85宝物	86白兔	87白旗	88麻花	89芭蕉	90酒瓶
91球衣	92球儿	93旧伞	94救世主	95酒壶	96旧炉	97旧旗
98球拍	99双钩	0呼啦圈	1蜡烛	2鹅	3耳朵	4帆船
5秤钩	6勺子	7镰刀	8眼镜	9哨子		